# みんなの日本語
## 初級II 第2版

Minna no Nihongo

Niveau débutant II
Traduction & Notes grammaticales — Version française

翻訳・文法解説
フランス語版

スリーエーネットワーク

© 1999 by 3A Corporation

All rights reserved. No part of this publication may be reproduced, stored in a retrieval system or transmitted in any form or by any means, electronic, mechanical, photocopying, recording, or otherwise, without the prior written permission of the Publisher.

Published by 3A Corporation.
Trusty Kojimachi Bldg., 2F, 4, Kojimachi 3-Chome, Chiyoda-ku, Tokyo 102-0083, Japan

ISBN978-4-88319-705-7 C0081

First published 1999
Second Edition 2015
Printed in Japan

# Préface

Comme l'indique son titre **Minna no Nihongo**, le présent ouvrage a été conçu et rédigé, pendant plus de trois ans, pour que tous ceux qui apprennent pour la première fois la langue japonaise puissent l'étudier avec beaucoup de plaisir et pour que les enseignants puissent l'utiliser avec intérêt. C'est un manuel complet considéré comme le volume frère de **Shin Nihongo no Kiso**.

Comme on le sait, **Shin Nihongo no Kiso** est un manuel conçu pour les stagiaires techniques. Mais son utilisation est bien étendue non seulement au Japon mais aussi à l'étranger, car grâce à son contenu bien conçu en tant que matériel pédagogique pour les débutants, il est extrêmement efficace pour ceux qui veulent apprendre rapidement la conversation japonaise.

L'enseignement de la langue japonaise s'est de plus en plus diversifié ces derniers temps. Avec le développement des relations internationales, les échanges de ressources humaines entre le Japon et l'étranger s'intensifient et les étrangers venant de divers horizons et ayant divers buts s'intègrent dans la société locale du Japon. Le changement de l'environnement social relatif à l'enseignement du japonais dû à un tel accroissement du nombre d'étrangers influence la situation de l'enseignement du japonais. Il en résulte alors une diversification des besoins sur le plan de l'étude et la nécessité de répondre individuellement à ceux-ci.

C'est dans ce contexte que 3A Corporation a décidé de publier **Minna no Nihongo**, afin de répondre aux opinions et aux demandes de nombreuses personnes qui exercent depuis longtemps l'enseignement du japonais au Japon et à l'étranger. Donc, tout en conservant les caractéristiques de **Shin Nihongo no Kiso**, les points essentiels à apprendre ainsi que la facilité de méthode d'apprentissage présentée par ce dernier, **Minna no Nihongo** est plus universel et en accord avec la diversité des apprenants grâce à une amélioration apportée dans les scènes de conversation et les personnages qui apparaissent dans celles-ci. Son contenu riche et bien travaillé permet donc à tous les apprenants, quels que soient leur pays et région d'origine, de continuer leur apprentissage du japonais agréablement.

**Minna no Nihongo** est destiné aux étrangers qui ont besoin immédiat de communiquer en japonais dans des situations professionnelles ou familiales, ou bien à l'école ou dans une communauté locale. Il s'agit d'un matériel pour les débutants, mais nous avons fait refléter autant que possible dans les scènes de conversation tenue par les locuteurs étrangers et japonais, les circonstances japonaises et la vie sociale au Japon ainsi que la vie quotidienne des Japonais. Ceux qui font l'objet du manuel sont essentiellement des adultes mais il est aussi recommandé comme manuel pour les cours préliminaires d'entrée à l'université ou pour les cours intensifs dans les écoles techniques et les universités.

3A Corporation va continuer à créer de nouveaux matériels pour faire face à la diversité des élèves et aux besoins de chacun. Nous les prions de bien vouloir continuer à nous honorer de leur soutien.

Pour terminer, nous voudrions remercier sincèrement tous ceux qui nous ont accordé leur collaboration sous forme de conseils ou pour l'utilisation expérimentale du manuel dans des classes à l'occasion de la rédaction de ce dernier. 3A Corporation a l'intention de continuer à élargir au monde entier un réseau de relations humaines à travers des activités telles que la publication de matériel d'enseignement de la langue japonaise.

Nous vous prions de bien vouloir nous honorer de votre soutien et de vos encouragements.

Juin 1998<br>
3A Corporation<br>
Président Directeur Général<br>
Iwao Ogawa

# Préface de la seconde édition
À l'occasion de la publication de *Minna no Nihongo* - Niveau débutant (seconde édition)

Nous avons le plaisir de vous présenter ***Minna no Nihongo*** - Niveau débutant Seconde édition. Comme nous l'avions mentionné dans la préface de la première édition, ***Minna no Nihongo*** - Niveau débutant est présenté par son auteur comme le volume frère de ***Shin Nihongo no Kiso***. Il est cependant plus général que ce dernier conçu pour les stagiaires techniques.

La première édition de ce présent ouvrage a été publiée en mars 1998. Cette époque, marquée par le développement des relations internationales entre le Japon et le reste du monde, changea l'environnement social de l'enseignement du japonais. Ce changement avait pour conséquence l'accroissement rapide du nombre d'apprenants, la diversification des objectifs et des besoins pour apprendre la langue ainsi que l'augmentation de la demande pour faire face à une telle diversification de l'enseignement. 3A Corporation a donc publié ***Minna no Nihongo*** - Niveau débutant Première édition afin de répondre aux remarques et aux demandes de nombreux enseignants du japonais, qu'ils soient au Japon ou à l'étranger.

***Minna no Nihongo*** - Niveau débutant Première édition est apprécié par les utilisateurs en raison de son contenu pédagogique, de la clarté de sa méthode d'apprentissage et de son universalité, répondant à la diversité des apprenants. Il est également réputé pour sa très grande efficacité pour ceux qui veulent apprendre rapidement la conversation japonaise, grâce à un contenu très étudié et universel. C'est pour toutes ces raisons que ce manuel a été utilisé pendant plus de dix ans. Cependant «la langue» vit et évolue avec son époque. Lors de la rédaction de ce manuel, le monde et le Japon se trouvaient dans une période très mouvementée, et depuis quelques années, l'enseignement du japonais et les apprenants ont beaucoup changé.

Compte tenu de ces évolutions et afin d'apporter une plus grande contribution à l'enseignement du japonais aux étrangers, 3A Corporation a procédé à la révision et à un remaniement partiel de ***Minna no Nihongo Shokyu I*** et ***II***, en s'appuyant sur son expérience de publication, d'organisation de séminaires ainsi que les opinions, remarques et demandes des utilisateurs que nous avons étudiées et incorporées à cette version.

Cette réédition consiste essentiellement en le remplacement des lexiques et des scènes devenus obsolètes et inappropriés à notre époque. Tout en conservant la structure de notre méthode caractérisée par «la facilité de l'apprentissage et de l'enseignement», nous avons pris en compte les remarques des apprenants et des enseignants du japonais. Le nombre d'exercices et de questions a ainsi été augmenté. Nous avons aussi veillé à ce que les apprenants ne fassent pas passivement leurs exercices en suivant les consignes, mais nous avons renforcé la mise en situation pour que le locuteur puisse juger du contexte lui-même et réfléchir avant de s'exprimer. C'est aussi dans ce but que nous avons multiplié le nombre de dessins.

Nous tenons à remercier sincèrement ceux qui ont apporté leur contribution sous la forme de remarques, d'avis, de conseils dans tous les domaines et dans l'expérimentation du manuel en classe. 3A Corporation a l'intention de continuer à être utile et à développer le matériel qui contribue, non seulement à apprendre la communication nécessaire aux apprenants, mais à l'échange international des ressources humaines.

Nous vous prions de bien vouloir nous honorer de votre soutien et de vos encouragements.

Janvier 2013<br>
3A Corporation<br>
Président Directeur Général<br>
Takuji Kobayashi

# Notes explicatives

## I. Structure du manuel

La méthode ***Minna no Ninongo Shokyu II***, Seconde édition est composée d'un livre principal (avec un CD) et d'une partie Traduction & Notes Grammaticales. Il est prévu que la partie Traduction & Notes Grammaticales soit disponible dans 12 langues, en commençant par la version en anglais.

Ce manuel vise à aider les apprenants à acquérir les quatre compétences, à savoir parler, écouter, lire et écrire. Toutefois, l'apprentissage des écritures telles que les hiragana, les katakana et les kanji ne fait pas l'objet du livre principal ni de Traduction & Notes Grammaticales.

## II. Contenu

### 1. Livre principal

#### 1) Leçons

Faisant suite à «***Minna no Nihongo Shokyu I***, Seconde édition» (contenant 25 leçons, de la leçon 1 à la leçon 25), ce livre présente 25 nouvelles leçons, à partir de la leçon 26 à la leçon 50. Chaque leçon est organisée de la façon suivante:

① **Structures-clés**

Les structures des phrases fondamentales à apprendre dans chaque leçon sont présentées dans cette section.

② **Phrases-type**

Les structures de phrase fondamentales sont présentées sous la forme de dialogue court afin de montrer leur utilisation dans un contexte réel. Sont présentés également d'autres points à apprendre outre les phrases-type, tels que les adverbes et les conjonctions, etc.

③ **Conversation**

Dans les conversations, les personnages étrangers vivant au Japon apparaissent dans diverses scènes de la conversation. Les conversations contiennent, en plus des points à apprendre dans chaque leçon, des expressions courantes telles que les salutations utilisées dans la vie quotidienne. S'ils ont le temps, les élèves peuvent développer les conversations en utilisant le vocabulaire de référence qui se trouve dans Traduction & Notes Grammaticales.

④ **Exercices**

Les exercices sont divisés en 3 phases: A, B et C.

Les exercices A sont présentés en tenant compte de l'effet visuel afin d'aider les apprenants à comprendre facilement la structure grammaticale. Ils sont conçus pour faciliter l'apprentissage de la conjugaison, des combinaisons ainsi que la maîtrise des structures-clés.

Les exercices B visent à consolider l'apprentissage des structures-clés par le biais de divers exercices. Les numéros d'exercice marqués d'une flèche ( ➡ ) indiquent que les exercices utilisent des illustrations.

Les exercices C sont conçus pour développer les compétences en communication: il s'agit d'effectuer une conversation en substituant les parties soulignées. Toutefois, afin d'éviter que ces exercices deviennent de simples exercices de substitution, il est recommandé de modifier les mots de substitution en fonction du contexte des apprenants, d'enrichir le contenu, ou encore d'encourager les apprenants à développer la conversation, etc.

Les modèles de réponse des exercices B et des exercices C sont disponibles en annexe.

⑤ Questions

Il y a quatre types de questions, à savoir de compréhension orale, de grammaire, de compréhension écrite (lecture) et de tâche thématique à développer. Les questions de compréhension orale sont composées de deux types de question: les questions pour répondre à des questions courtes et les questions pour saisir les points essentiels après avoir écouté des conversations courtes.

Les questions de grammaire consistent à confirmer la compréhension du vocabulaire et des points de grammaire. Concernant les questions de compréhension écrite, les apprenants effectuent diverses formes de tâches après avoir lu un texte dans lequel la grammaire et le vocabulaire appris sont appliqués. À travers la tâche thématique à développer, les apprenants rédigent et parlent sur le thème du texte.

Notons que ce livre de **Minna no Nihongo** a adopté le système de transcription avec espace entre les mots afin de faciliter la lecture aux apprenants dans un but pédagogique. Cependant, afin de familiariser les apprenants à lire un texte naturel et de les préparer à atteindre le niveau intermédiaire, les textes de compréhension écrite de **Shokyu II** sont écrits selon la manière authentique, soit sans espace.

⑥ Révision

La section Révision, disponible dans certaines leçons, permet aux élèves de revenir sur l'essentiel des points appris.

⑦ Résumé des adverbes, des conjonctions et des expressions de la conversation

Les questions, présentées dans cette section, ont été conçues pour permettre aux apprenants de réviser les adverbes, les conjonctions et les expressions de la conversation présentés dans ce manuel.

2) **Formes des verbes**

Les formes verbales expliquées dans cette méthode (y compris les formes apprises dans ***Shokyu I***) et les expressions construites avec ces formes verbales sont présentées dans un tableau récapitulatif.

3) **Tableaux récapitulatifs des points-clés d'apprentissage**

Les points-clés d'apprentissage essentiels dans ce manuel sont répertoriés à partir des exercices A. Les tableaux montrent comment les exercices A sont reliés aux autres parties, qui sont les structures-clés, les phrases-type, les exercices B et les exercices C.

4) **Index**

Il contient le nouveau vocabulaire et les expressions avec le numéro de la leçon où chaque mot ou expression est présenté pour la première fois.

5) **CD d'accompagnement**

Dans le CD d'accompagnement, les conversations et les questions de compréhension orale de chaque leçon sont enregistrées.

### 2. Traduction & Notes grammaticales

De la leçon 26 à la leçon 50

① Nouveau vocabulaire et sa traduction

② Traduction des structures-clés, des phrases-type et des conversations

③ Vocabulaire de référence utile pour l'apprentissage de chaque leçon et informations sommaires sur le Japon

④ Explications grammaticales sur les structures-clés et les expressions

## III. Temps nécessaire pour l'apprentissage

À titre d'indicatif, de 4 à 6 heures par leçon, soit 150 heures au total, seront nécessaires pour finir ce manuel.

## IV. Vocabulaire

Ce manuel présente environ 1000 mots, qui sont, pour la plupart, très couramment utilisés dans la vie quotidienne.

## V. Quelques notes sur l'usage de Kanji

Les kanji utilisés dans ce livre sont en principe sélectionnés de la liste de kanji pour l'usage quotidien (joyo kanji) proclamée par le cabinet en 1981.

1) 「熟字訓」(mots formés de plus de deux kanji et qui sont prononcés d'une manière spéciale) qui figurent dans l'annexe de la liste de joyo kanji sont écrits en kanji.

Ex. : 友達 ami　果物 fruit　眼鏡 lunettes

2) Pour les noms propres tels que les noms de pays, les noms de lieux ou les mots dans un domaine spécialisé tels que l'art et la culture, les kanji et leur lecture, qui ne font pas partie de la liste de joyo kanji, sont également utilisés.

   Ex. : 大阪 Osaka　　奈良 Nara　　歌舞伎 Kabuki

3) Certains kanji qui figurent dans la liste de joyo kanji sont écrits en hiragana pour faciliter leur lecture.

   Ex. : ある(有る・在る)　il y a, avoir　　たぶん(多分)　peut-être
   きのう(昨日)　hier

4) Les nombres sont en principe écrits en chiffres arabes.

   Ex. : 9時　neuf heures　　4月1日　1ᵉʳ avril　　1つ　un, une

## VI. Divers

1) Dans une phrase, les mots que l'on peut omettre sont mis entre parenthèses [　].

   Ex. : 父は 54[歳]です。　Mon père a 54 ans.

2) Le synonyme est mis entre parenthèses (　).

   Ex. : だれ(どなた)　qui

# Conseils pour utiliser efficacement ce manuel

### 1. Vocabulaire
Le nouveau vocabulaire est présenté dans «Traduction & Notes grammaticales» de chaque leçon.
Pour apprendre plus efficacement, nous vous conseillons de construire des phrases complètes avec le nouveau vocabulaire.

### 2. Exercices
Pour bien comprendre le sens de chaque structure-clé, entraînez-vous en faisant les «Exercices A» et les «Exercices B». Entraînez-vous toujours à haute voix, jusqu'à ce que vous maîtrisiez convenablement la forme de la structure.

### 3. Dialogues, conversation
Les «Exercices C» sont présentés sous la forme de courts dialogues. Ne vous limitez pas aux exercices de substitution, mais essayez de continuer et de développer le dialogue.
La «Conversation» présente des situations concrètes que vous retrouveriez au Japon. Entraînez-vous en écoutant le CD et en imaginant la situation, le ton et les gestes appropriés. Cela vous permettra d'acquérir un rythme naturel dans vos conversations.

### 4. Vérification
À la fin de chaque leçon, faites les «Questions» pour vérifier si vous avez bien compris le contenu de la leçon.

### 5. Pratiques
Essayez, autant que possible, de parler avec des Japonais. Comme toujours dans l'apprentissage d'une langue, pour progresser rapidement, il est conseillé de mettre en pratique ce que vous avez appris.

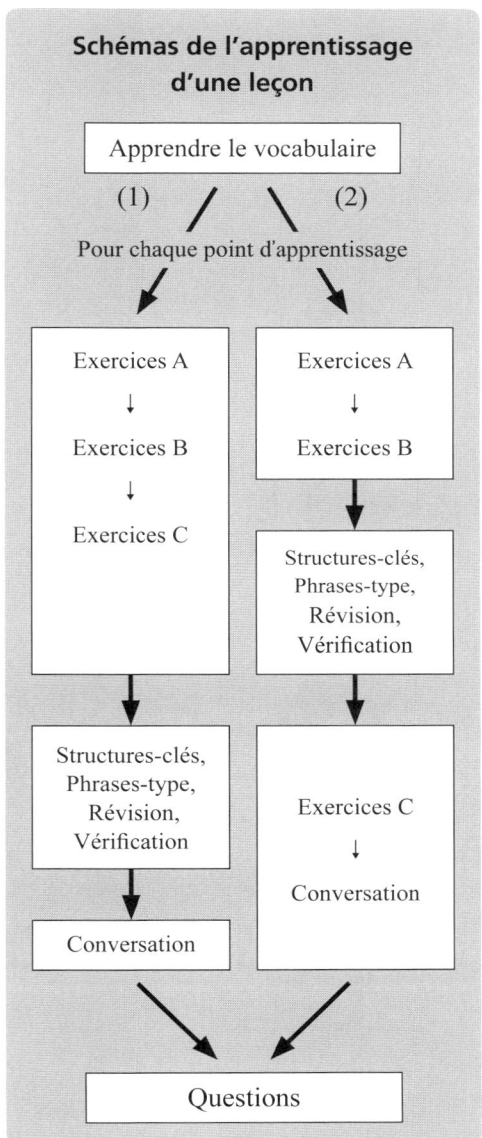

Vous pouvez étudier avec ce manuel en suivant soit le parcours (1) soit le parcours (2). Pour vérifier les points-clés d'apprentissage de chaque leçon, vous pouvez vous référer aux tableaux récapitulatifs qui se trouvent à la fin du livre.

# Personnages

**Mike Miller**
Américain,
employé d'IMC

**Suzuki Yasuo**
Japonais,
employé d'IMC

**Nakamura Akiko**
Japonaise,
chef de service commercial à IMC

**Lee Jin Ju**
Coréenne,
chercheur à l'AKC

**Thawaphon**
Thaïlandais,
étudiant à l'Université Sakura

**Karina**
Indonésienne,
étudiante à l'Université Fuji

**Ogawa Hiroshi**
Japonais,
voisin de Mike Miller

**Ogawa Yone**
Japonaise,
mère d'Ogawa Hiroshi

**Ogawa Sachiko**
Japonaise,
employée de bureau

**Karl Schmidt**
Allemand,
ingénieur à Power Electric

**Klara Schmidt**
Allemande,
professeur d'allemand

**Ito Chiseko**
Japonaise, institutrice à l'école primaire Himawari, professeur principal de Hans Schmidt

**Watanabe Akemi**
Japonaise,
employée de Power Electric

**Takahashi Toru**
Japonais,
employé de Power Electric

**Hayashi Makiko**
Japonaise,
employée de Power Electric

**John Watt**
Anglais,
professeur d'anglais à
l'Université Sakura

**Matsumoto Tadashi**
Japonais,
directeur du département à IMC (Osaka)

**Matsumoto Yoshiko**
Japonaise, femme au foyer

**Hans**
Allemand,
écolier, 12 ans,
fils de Karl et Klara Schmidt

**Gupta**
Indien,
employé d'IMC

**Kimura Izumi**
Japonaise,
présentatrice de télévision

※ IMC（société de logiciel d'informatique）
※ AKC（アジア研究センター：Institut de Recherche sur l'Asie）

# Table des matières

**Explications grammaticales et Vocabulaire de Référence & Information de みんなの日本語　初級Ⅰ　第2版** ⋯⋯⋯⋯⋯⋯⋯⋯⋯⋯⋯⋯⋯⋯⋯⋯⋯⋯⋯⋯⋯⋯ 2
**Termes utilisés pour les instructions** ⋯⋯⋯⋯⋯⋯⋯⋯⋯⋯⋯⋯⋯⋯⋯⋯⋯⋯⋯ 6
**Symboles et abréviations utilisés** ⋯⋯⋯⋯⋯⋯⋯⋯⋯⋯⋯⋯⋯⋯⋯⋯⋯⋯⋯⋯⋯ 7

## Leçon 26 ⋯⋯⋯⋯⋯⋯⋯⋯⋯⋯⋯⋯⋯⋯⋯⋯⋯⋯⋯⋯⋯⋯⋯⋯⋯⋯⋯⋯⋯⋯⋯⋯⋯⋯⋯⋯ 8

Ⅰ. Vocabulaire
Ⅱ. Traduction
　　Structures-clés et phrases-type
　　Conversation: **Où est-ce que je peux déposer les ordures?**
Ⅲ. Vocabulaire de référence & informations:
　　**Dépôt d'ordures et déchets**

Ⅳ. Explications grammaticales
1. V / い-adj / な-adj / N  forme neutre 〜んです (な-adj, N: 〜だ→〜な)
2. V て-forme いただけませんか
3. Interrogatif V た-forme ら いいですか
4. N (objet) は 好きです／嫌いです／上手です／下手です／あります, etc.

## Leçon 27 ⋯⋯⋯⋯⋯⋯⋯⋯⋯⋯⋯⋯⋯⋯⋯⋯⋯⋯⋯⋯⋯⋯⋯⋯⋯⋯⋯⋯⋯⋯⋯⋯⋯⋯⋯ 14

Ⅰ. Vocabulaire
Ⅱ. Traduction
　　Structures-clés et phrases-type
　　Conversation: **Vous pouvez tout fabriquer, n'est-ce pas?**
Ⅲ. Vocabulaire de référence & informations:
　　**Magasins de proximité**

Ⅳ. Explications grammaticales
1. Verbes potentiels
2. Les phrases dans lesquelles les verbes potentiels sont utilisés
3. 見えます et 聞こえます
4. できます
5. しか
6. N は (contraste)
7. は ayant fonction de mettre en relief le mot auquel une autre particule est déjà attachée

# Leçon 28 ............................................................................................ 20
Ⅰ. Vocabulaire
Ⅱ. Traduction
  Structures-clés et phrases-type
  Conversation: **J'ai pas mal de voyages d'affaires et j'ai un examen...**
Ⅲ. Vocabulaire de référence & informations:
  **Louer un logement**

Ⅳ. Explications grammaticales
  1. V₁ます-forme ながら V₂
  2. Vて-forme います
  3. Forme neutre し、forme neutre し、〜
  4. それで
  5. 〜 とき + particule

# Leçon 29 ............................................................................................ 26
Ⅰ. Vocabulaire
Ⅱ. Traduction
  Structures-clés et phrases-type
  Conversation:
    **J'ai oublié quelque chose.**
Ⅲ. Vocabulaire de référence & informations:
  **État & Apparence**

Ⅳ. Explications grammaticales
  1. Vて-forme います
  2. Vて-forme しまいました／しまいます
  3. N (lieu) に 行きます／来ます／帰ります
  4. それ／その／そう
  5. ありました
  6. どこかで／どこかに

# Leçon 30 ............................................................................................ 32
Ⅰ. Vocabulaire
Ⅱ. Traduction
  Structures-clés et phrases-type
  Conversation: **Il faut que je prépare le sac de survie...**
Ⅲ. Vocabulaire de référence & informations:
  **En cas d'urgence**

Ⅳ. Explications grammaticales
  1. Vて-forme あります
  2. Vて-forme おきます
  3. まだ + forme affirmative
  4. とか
  5. Particule casuelle + も

# Leçon 31 ............................................................................................ 38
Ⅰ. Vocabulaire
Ⅱ. Traduction
  Structures-clés et phrases-type
  Conversation:
    **Je pense apprendre la cuisine.**
Ⅲ. Vocabulaire de référence & informations:
  **Domaines d'étude**

Ⅳ. Explications grammaticales
  1. Forme volitive
  2. Utilisation de la forme volitive
  3. V en forme dictionnaire ／ Vない-forme ない ｝ つもりです
  4. V en forme dictionnaire ／ Nの ｝ 予定です
  5. まだ Vて-forme いません
  6. 帰ります － 帰り

# Leçon 32 ......................................................................................... 44
Ⅰ. Vocabulaire
Ⅱ. Traduction
   Structures-clés et phrases-type
   Conversation:
   **Il vaut mieux ne pas forcer.**
Ⅲ. Vocabulaire de référence & informations:
   **Prévisions météorologiques**

Ⅳ. Explications grammaticales
   1. Vた-forme  
      Vない-forme ない ⎬ ほうが いいです
   2. V  
      い-adj ⎫ forme neutre  
      な-adj ⎬ forme neutre ⎬ でしょう  
      N ⎭ 〜だ
   3. V  
      い-adj ⎫ forme neutre  
      な-adj ⎬ forme neutre ⎬ かも しれません  
      N ⎭ 〜だ
   4. Vます-forme ましょう
   5. Quantitatif で
   6. 何か 心配な こと

# Leçon 33 ......................................................................................... 50
Ⅰ. Vocabulaire
Ⅱ. Traduction
   Structures-clés et phrases-type
   Conversation:
   **Qu'est-ce que cela veut dire?**
Ⅲ. Vocabulaire de référence & informations:
   **Signalisation**

Ⅳ. Explications grammaticales
   1. Formes impérative et prohibitive
   2. Emplois de la forme impérative et de la forme prohibitive
   3. 〜と 書いて あります／〜と 読みます
   4. XはYと いう 意味です
   5. «Phrase»  
      Forme neutre ⎬ と 言って いました
   6. «Phrase»  
      Forme neutre ⎬ と 伝えて いただけませんか

# Leçon 34 ......................................................................................... 56
Ⅰ. Vocabulaire
Ⅱ. Traduction
   Structures-clés et phrases-type
   Conversation: **Faites-le de la même manière que je viens de faire.**
Ⅲ. Vocabulaire de référence & informations:
   **Cuisine**

Ⅳ. Explications grammaticales
   1. V₁た-forme  
      Nの ⎬ とおりに、V₂
   2. V₁た-forme  
      Nの ⎬ あとで、V₂
   3. V₁て-forme  
      V₁ない-forme ないで ⎬ V₂

## Leçon 35 .................................................................................................. 62

Ⅰ. Vocabulaire
Ⅱ. Traduction
   Structures-clés et phrases-type
   Conversation: **Avez-vous un endroit sympa à me recommander?**
Ⅲ. Vocabulaire de référence & informations:
   **Proverbes**

Ⅳ. Explications grammaticales
   1. Comment créer la forme conditionnelle
   2. Forme conditionnelle、～
   3. Interrogatif V en forme conditionnelle いいですか
   4. Nなら、～
   5. ～は ありませんか
      (phrase interrogative négative)

## Leçon 36 .................................................................................................. 68

Ⅰ. Vocabulaire
Ⅱ. Traduction
   Structures-clés et phrases-type
   Conversation:
   **J'essaie de faire du sport tous les jours.**
Ⅲ. Vocabulaire de référence & informations:
   **Santé**

Ⅳ. Explications grammaticales
   1. V₁ en forme dictionnaire ⎫
      V₁ない-forme ない   ⎬ ように、V₂
   2. V en forme dictionnaire ように なります
   3. V en forme dictionnaire ⎫ ように
      Vない-forme ない        ⎬ します
   4. 早い→早く　上手な→上手に

## Leçon 37 .................................................................................................. 74

Ⅰ. Vocabulaire
Ⅱ. Traduction
   Structures-clés et phrases-type
   Conversation:
   **Le temple Kinkaku-ji a été construit au 14ème siècle**
Ⅲ. Vocabulaire de référence & informations:
   **Accidents & Incidents**

Ⅳ. Explications grammaticales
   1. Verbes passifs
   2. N₁ (personne₁) は N₂ (personne₂) に V passif
   3. N₁ (personne₁) は N₂ (personne₂) に N₃ を V passif
   4. N (objet/chose) が／は V passif
   5. Nから／Nで つくります
   6. N₁ の N₂
   7. この／その／あの N (emplacement)

## Leçon 38 — 80

Ⅰ. **Vocabulaire**
Ⅱ. **Traduction**
　　Structures-clés et phrases-type
　　Conversation:
　　　**J'aime ranger.**
Ⅲ. **Vocabulaire de référence & informations:**
　　　**Emplacement**

Ⅳ. **Explications grammaticales**
1. の de nominalisation
2. V en forme dictionnaire のは adj です
3. V en forme dictionnaire のが adj です
4. V en forme dictionnaire のを 忘れました
5. V forme neutre のを 知って いますか
6. V ／ い-adj ／ な-adj ／ N₁ ｝ forme neutre ／ ～だ→～な ｝ のは N₂ です

## Leçon 39 — 86

Ⅰ. **Vocabulaire**
Ⅱ. **Traduction**
　　Structures-clés et phrases-type
　　Conversation: **Je suis désolé d'être en retard.**
Ⅲ. **Vocabulaire de référence & informations:**
　　　**Sentiments**

Ⅳ. **Explications grammaticales**
1. ～て(で)、～
2. V ／ い-adj ／ な-adj ／ N ｝ forme neutre ／ ～だ→～な ｝ ので、～
3. 途中で

## Leçon 40 — 92

Ⅰ. **Vocabulaire**
Ⅱ. **Traduction**
　　Structures-clés et phrases-type
　　Conversation:
　　　**Je m'inquiète de savoir si mon fils a trouvé des amis ou non.**
Ⅲ. **Vocabulaire de référence & informations:**
　　　**Unités, Lignes, Formes & Motifs**

Ⅳ. **Explications grammaticales**
1. V ／ い-adj ／ な-adj ／ N ｝ forme neutre ／ ～だ ｝ か、～
2. V ／ い-adj ／ な-adj ／ N ｝ forme neutre ／ ～だ ｝ か どうか、～
3. V て-forme みます
4. い-adj (～い)→～さ
5. ～でしょうか

## Leçon 41 — 98
Ⅰ. Vocabulaire
Ⅱ. Traduction
   Structures-clés et phrases-type
   Conversation: **Félicitations pour votre mariage.**
Ⅲ. Vocabulaire de référence & informations:
   **Informations pratiques**

Ⅳ. Explications grammaticales
   1. Expressions pour donner et pour recevoir
   2. Donner et recevoir des actions
   3. Vて-forme くださいませんか
   4. Nに V

## Leçon 42 — 104
Ⅰ. Vocabulaire
Ⅱ. Traduction
   Structures-clés et phrases-type
   Conversation: **Comment allez-vous utiliser votre bonus?**
Ⅲ. Vocabulaire de référence & informations:
   **Articles de bureau & Outils**

Ⅳ. Explications grammaticales
   1. V en forme dictionnaire / Nの } ために、～
   2. V en forme dictionnaire の / N } に ～
   3. Quantitatif は／も
   4. ～に よって

## Leçon 43 — 110
Ⅰ. Vocabulaire
Ⅱ. Traduction
   Structures-clés et phrases-type
   Conversation: **Il a l'air de s'amuser tous les jours.**
Ⅲ. Vocabulaire de référence & informations:
   **Caractères & Natures**

Ⅳ. Explications grammaticales
   1. ～そうです
   2. Vて-forme 来ます
   3. Vて-forme くれませんか

## Leçon 44 — 116
Ⅰ. Vocabulaire
Ⅱ. Traduction
   Structures-clés et phrases-type
   Conversation: **Pouvez-vous faire comme sur cette photo?**
Ⅲ. Vocabulaire de référence & informations:
   **Salon de coiffure pour femmes et pour hommes**

Ⅳ. Explications grammaticales
   1. Vます-forme / い-adj (～い) / な-adj [な] } すぎます
   2. Vます-forme { やすいです / にくいです }
   3. N₁を { い-adj (～い)→～く / な-adj [な]→～に / N₂に } します
   4. Nに します

## Leçon 45 — 122

I. Vocabulaire
II. Traduction
   Structures-clés et phrases-type
   Conversation: **Qu'est-ce qu'il faut faire si je me trompe de chemin?**
III. Vocabulaire de référence & informations:
   **À l'hôpital**

IV. Explications grammaticales
1. V en forme dictionnaire  ⎫
   V ない-forme ない         ⎪
   V た-forme                ⎬ 場合は、～
   い-adj (～い)             ⎪
   な-adj な                 ⎪
   N の                      ⎭

2. V          ⎫ forme neutre  ⎫
   い-adj     ⎭               ⎪
   な-adj     ⎫ forme neutre  ⎬ のに、～
   N          ⎭ ～だ→～な      ⎭

## Leçon 46 — 128

I. Vocabulaire
II. Traduction
   Structures-clés et phrases-type
   Conversation: **Bien qu'on vienne de la faire réparer la semaine dernière, de nouveau (elle est tombée en panne)…**
III. Vocabulaire de référence & informations:
   **Origine des mots en katakana**

IV. Explications grammaticales
1. V en forme dictionnaire  ⎫
   V て-forme いる           ⎬ ところです
   V た-forme                ⎭

2. V た-forme ばかりです

3. V en forme dictionnaire  ⎫
   V ない-forme ない         ⎪
   い-adj (～い)             ⎬ はずです
   な-adj な                 ⎪
   N の                      ⎭

## Leçon 47 — 134

I. Vocabulaire
II. Traduction
   Structures-clés et phrases-type
   Conversation:
   **Il paraît qu'elle s'est fiancée.**
III. Vocabulaire de référence & informations:
   **Onomatopées**

IV. Explications grammaticales
1. Forme neutre そうです

2. V          ⎫ forme neutre           ⎫
   い-adj     ⎭                         ⎪
   な-adj forme neutre ～だ→～な         ⎬ ようです
   N     forme neutre ～だ→～の          ⎭

3. 声／音／におい／味が します

## Leçon 48 ......................................................................................... 140

Ⅰ. Vocabulaire
Ⅱ. Traduction
　　Structures-clés et phrases-type
　　Conversation:
　　　**Pourriez-vous m'autoriser à prendre des congés?**
Ⅲ. Vocabulaire de référence & informations:
　　　**Discipline**
Ⅳ. Explications grammaticales
　　1. Verbes causatifs
　　2. Phrases avec un causatif
　　3. Utilisations des verbes causatifs
　　4. Verbe causatif て-forme いただけませんか

## Leçon 49 ......................................................................................... 146

Ⅰ. Vocabulaire
Ⅱ. Traduction
　　Structures-clés et phrases-type
　　Conversation:
　　　**Pourriez-vous dire cela…?**
Ⅲ. Vocabulaire de référence & informations:
　　　**Évènements de chaque saison**
Ⅳ. Explications grammaticales
　　1. 敬語（Expressions honorifiques）
　　2. 尊敬語（Expressions de respect）
　　3. Expressions honorifiques et style de phrase
　　4. 〜まして
　　5. 〜ますので

## Leçon 50 ......................................................................................... 152

Ⅰ. Vocabulaire
Ⅱ. Traduction
　　Structures-clés et phrases-type
　　Conversation:
　　　**Je vous remercie de tout cœur.**
Ⅲ. Vocabulaire de référence & informations:
　　　**Comment écrire les adresses**
Ⅳ. Explications grammaticales
　　1. 謙譲語Ⅰ
　　　（Expressions de modestie Ⅰ - verbes）
　　2. 謙譲語Ⅱ
　　　（Expressions de modestie Ⅱ - verbes）

# Explications grammaticales et Vocabulaire de Référence & Information de みんなの日本語　初級Ⅰ　第2版

## Leçon 1
1. N₁は N₂です
2. N₁は N₂じゃ（では）ありません
3. N₁は N₂ですか
4. N も
5. N₁の N₂
6. ～さん

**Vocabulaire de référence & informations: Pays, peuple & langues**

## Leçon 2
1. これ／それ／あれ
2. この N／その N／あの N
3. そうです
4. ～か、～か
5. N₁の N₂
6. の qui remplace un nom
7. お～
8. そうですか

**Vocabulaire de référence & informations: Nom de famille**

## Leçon 3
1. ここ／そこ／あそこ／こちら／そちら／あちら
2. Nは lieuです
3. どこ／どちら
4. N₁の N₂
5. こ／そ／あ／ど (démonstratifs)
6. お～

**Vocabulaire de référence & informations: Grand magasin**

## Leçon 4
1. 今 一時一分です
2. Vます／Vません／Vました／Vませんでした
3. N (moment)に V
4. N₁から N₂まで
5. N₁と N₂
6. ～ね

**Vocabulaire de référence & informations: Téléphone & Lettre**

## Leçon 5
1. N (lieu)へ 行きます／来ます／帰ります
2. どこ[へ]も 行きません／行きませんでした
3. N (véhicule)で 行きます／来ます／帰ります
4. N (personne/animal)と V
5. いつ
6. ～よ
7. そうですね

**Vocabulaire de référence & informations: Jours (fériés) nationaux**

## Leçon 6
1. N を V (transitif)
2. N を します
3. 何を しますか
4. なん et なに
5. N (lieu)で V
6. Vませんか
7. Vましょう
8. ～か

**Vocabulaire de référence & informations: Nourriture**

## Leçon 7
1. N（outil/moyen）で V
2. «Mot/Phrase»は ～語で 何ですか
3. N₁（personne）に N₂を あげます, etc.
4. N₁（personne）に N₂を もらいます, etc.
5. もう Vました
6. Omission de particule

**Vocabulaire de référence & informations: Famille**

## Leçon 8
1. Adjectifs
2. Nは な-adj［な］です
   Nは い-adj（～い）です
3. な-adjな N
   い-adj（～い）N
4. ～が、～
5. とても／あまり
6. Nは どうですか
7. N₁は どんな N₂ですか
8. そうですね

**Vocabulaire de référence & informations: Couleur et goût**

## Leçon 9
1. Nが あります／わかります
   Nが 好きです／嫌いです／上手です／下手です
2. どんな N
3. よく／だいたい／たくさん／少し／あまり／全然
4. ～から、～
5. どうして

**Vocabulaire de référence & informations: Musique, Sport & Film**

## Leçon 10
1. Nが あります／います
2. Lieuに Nが あります／います
3. Nは lieuに あります／います
4. N₁（chose/personne/lieu）の N₂（position）
5. N₁や N₂
6. アジアストアですか

**Vocabulaire de référence & informations: Intérieur de la maison**

## Leçon 11
1. Comment compter les nombres
2. Comment utiliser les auxiliaires numéraux
3. Mot quantitatif（période）に 一回 V
4. Mot quantitatifだけ／Nだけ

**Vocabulaire de référence & informations: Menu**

## Leçon 12
1. Temps et forme affirmative/négative des phrases nominales et des phrases avec な-adjectif
2. Temps et forme affirmative/négative de la phrase avec い-adjectif
3. N₁は N₂より adjectifです
4. N₁と N₂と どちらが adjectifですか
   ……N₁／N₂の ほうが adjectifです
5. N₁［の 中］で 何／どこ／だれ／いつ が いちばん adjectifですか
   ……N₂が いちばん adjectifです
6. Adjectifの（の qui remplace un nom）

**Vocabulaire de référence & informations: Fêtes & lieux connus**

## Leçon 13
1. N が 欲しいです
2. V ます -forme たいです
3. N (lieu) へ $\begin{Bmatrix} \text{V ます -forme} \\ \text{N} \end{Bmatrix}$ に 行きます／来ます／帰ります
4. どこか／何か
5. ご〜

**Vocabulaire de référence & informations: En ville**

## Leçon 14
1. Groupes des verbes
2. V て -forme
3. V て -forme ください
4. V て -forme います
5. V ます -forme ましょうか
6. N が V
7. すみませんが

**Vocabulaire de référence & informations: Gare**

## Leçon 15
1. V て -forme も いいですか
2. V て -forme は いけません
3. V て -forme います
4. N に V
5. N₁ に N₂ を V

**Vocabulaire de référence & informations: Profession**

## Leçon 16
1. Comment relier plus de deux phrases
2. V₁ て -forme から、V₂
3. N₁ は N₂ が adjectif
4. N を V
5. どうやって
6. どれ／どの N

**Vocabulaire de référence & informations: Comment retirer de l'argent?**

## Leçon 17
1. V ない -forme
2. V ない -forme ないで ください
3. V ない -forme なければ なりません
4. V ない -forme なくても いいです
5. Thématisation du complément d'objet
6. N (moment) までに V

**Vocabulaire de référence & informations: Corps et maladie**

## Leçon 18
1. Verbes en forme dictionnaire
2. $\begin{Bmatrix} \text{N} \\ \text{V en forme dictionnaire こと} \end{Bmatrix}$ が できます
3. わたしの 趣味は $\begin{Bmatrix} \text{N} \\ \text{V en forme dictionnaire こと} \end{Bmatrix}$ です
4. $\begin{Bmatrix} \text{V₁ en forme dictionnaire} \\ \text{N の} \\ \text{Quantitatif (période)} \end{Bmatrix}$ まえに、V₂
5. なかなか
6. ぜひ

**Vocabulaire de référence & informations: Actions**

## Leçon 19
1. V た -forme
2. V た -forme ことが あります
3. V₁ た -forme り、V₂ た -forme り します
4. $\begin{Bmatrix} \text{い -adj (〜い)→〜く} \\ \text{な -adj [な]→〜に} \\ \text{N に} \end{Bmatrix}$ なります

**Vocabulaire de référence & informations: Culture traditionnelle et Divertissement**

## Leçon 20
1. Style poli et style neutre
2. Emploi propre du style poli et du style neutre
3. Conversation en style neutre

**Vocabulaire de référence & informations: Comment appeler les gens?**

## Leçon 21
1. Forme neutre と 思います
2. «Phrase» / Forme neutre } と 言います
3. V / い-adj } forme neutre / な-adj } forme neutre / N } ～だ } でしょう？
4. N₁ (lieu) で N₂が あります
5. N (situation) で
6. Nでも V
7. Vない-forme ないと……

**Vocabulaire de référence & informations: Statut social**

## Leçon 22
1. Proposition nominale qualifiant
2. V en forme dictionnaire 時間／約束／用事
3. Vます-forme ましょうか

**Vocabulaire de référence & informations: Vêtements**

## Leçon 23
1. V en forme dictionnaire / Vない-forme ない / い-adj (～い) / な-adj な / Nの } とき、～ (proposition principale)
2. V en forme dictionnaire / Vた-forme } とき、～ (proposition principale)
3. V en forme dictionnaire と、～ (proposition principale)
4. Nが adj
5. Nを verbe de mouvement

**Vocabulaire de référence & informations: Route et circulation**

## Leçon 24
1. くれます
2. Vて-forme { あげます / もらいます / くれます }
3. N₁は N₂が V

**Vocabulaire de référence & informations: Échange de cadeaux**

## Leçon 25
1. Passé de la forme neutre ら、～ (proposition principale)
2. Vた-forme ら、～ (proposition principale)
3. Vて-forme / Vない-forme なくて / い-adj (～い)→～くて / な-adj [な]→～で / Nで } も、～ (proposition principale)
4. もし
5. Sujet dans une proposition subordonnée

**Vocabulaire de référence & informations: Une vie**

# Termes utilisés pour les instructions

|  |  |
|---|---|
| 第一課 (だいいっか) | Leçon — |
| 文型 (ぶんけい) | structure-clé |
| 例文 (れいぶん) | phrase-type |
| 会話 (かいわ) | conversation |
| 練習 (れんしゅう) | exercice |
| 問題 (もんだい) | question |
| 答え (こたえ) | réponse |
| 読み物 (よみもの) | lecture |
| 復習 (ふくしゅう) | révision |
| 目次 (もくじ) | table des matières |
| 索引 (さくいん) | index |
| 文法 (ぶんぽう) | grammaire |
| 文 (ぶん) | phrase |
| 単語（語） (たんご) | mot |
| 句 (く) | locution |
| 節 (せつ) | proposition |
| 発音 (はつおん) | prononciation |
| 母音 (ぼいん) | voyelle |
| 子音 (しいん) | consonne |
| 拍 (はく) | more |
| アクセント | accent |
| イントネーション | intonation |
| [か]行 (ぎょう) | ligne- [か] |
| [い]列 (れつ) | colonne- [い] |
| 丁寧体 (ていねいたい) | style poli |
| 普通体 (ふつうたい) | style neutre |
| 活用 (かつよう) | conjugaison, flexion |
| フォーム | forme |
| ～形 (けい) | ～ forme |
| 修飾 (しゅうしょく) | qualification, modification |
| 例外 (れいがい) | exception |
| 名詞 (めいし) | nom |
| 動詞 (どうし) | verbe |
| 自動詞 (じどうし) | verbe intransitif |
| 他動詞 (たどうし) | verbe transitif |
| 形容詞 (けいようし) | adjectif |
| い形容詞 (けいようし) | い-adjectif |
| な形容詞 (けいようし) | な-adjectif |
| 助詞 (じょし) | particule enclitique |
| 副詞 (ふくし) | adverbe |
| 接続詞 (せつぞくし) | conjonction |
| 数詞 (すうし) | numéraux |
| 助数詞 (じょすうし) | auxiliaires numéraux, suffixes nominaux |
| 疑問詞 (ぎもんし) | interrogatif, pronom interrogatif |
| 名詞文 (めいしぶん) | phrase nominale |
| 動詞文 (どうしぶん) | phrase verbale |
| 形容詞文 (けいようしぶん) | phrase adjectivale |
| 主語 (しゅご) | sujet |
| 述語 (じゅつご) | prédicat |
| 目的語 (もくてきご) | complément d'objet |
| 主題 (しゅだい) | thème |
| 肯定 (こうてい) | affirmation |
| 否定 (ひてい) | négation |
| 完了 (かんりょう) | perfectif |
| 未完了 (みかんりょう) | imperfectif |
| 過去 (かこ) | passé |
| 非過去 (ひかこ) | non passé |
| 可能 (かのう) | potentiel |
| 意向 (いこう) | volition |
| 命令 (めいれい) | ordre |
| 禁止 (きんし) | prohibition |
| 条件 (じょうけん) | condition |
| 受身 (うけみ) | passif |
| 使役 (しえき) | causatif |
| 尊敬 (そんけい) | respect |
| 謙譲 (けんじょう) | modestie |

# Symboles et abréviations utilisés

## 1. symboles utilisés dans «I. Vocabulaire»

① ～ indique qu'il manque un mot ou une locution.
   Ex. ～から 来ました。(Je suis) venu de ～.
② － indique qu'il manque un nombre.
   Ex. －歳 － ans
③ Les mots et les locutions qu'on peut omettre sont mis entre [　　].
   Ex. どうぞ よろしく［お願いします］。 Je suis ravi de vous rencontrer.
④ Les mots ou les expressions synonymes sont mis entre (　　).
   Ex. だれ（どなた）qui
⑤ Les mots marqués de ＊ ne sont pas traités dans la leçon-même, mais présentés comme des mots connexes.
⑥ 〈会話〉(conversation) présente les mots et les expressions utilisés dans la conversation.
⑦ Le vocabulaire et les expressions utilisés dans la lecture sont présentés dans 〈読み物〉(lecture).
⑧ ※ indique un nom propre.

## 2. Abréviations utilisées dans «IV. Explications grammaticales»

| | | |
|---|---|---|
| N | nom（名詞） | Ex. がくせい（étudiant）<br>つくえ（table, bureau） |
| い-adj | い-adjectif（い形容詞） | Ex. おいしい（délicieux）<br>たかい（haut, cher） |
| な-adj | な-adjectif（な形容詞） | Ex. きれい［な］（joli, propre）<br>しずか［な］（calme） |
| V | verbe（動詞） | Ex. かきます（écrire）　たべます（manger） |

# Leçon 26

## I. Vocabulaire

| | | |
|---|---|---|
| みます II | 見ます、診ます | jeter un coup d'œil, examiner, regarder |
| さがします I | 探します、捜します | chercher |
| おくれます II [じかんに〜] | 遅れます [時間に〜] | être en retard [au rendez-vous, à la réunion, etc.] |
| まに あいます I [じかんに〜] | 間に 合います [時間に〜] | être à l'heure [au rendez-vous, à la réunion, etc.] |
| やります I | | faire |
| ひろいます I | 拾います | ramasser |
| れんらくします III | 連絡します | contacter |
| きぶんが いい* | 気分が いい | se sentir bien |
| きぶんが わるい | 気分が 悪い | ne pas se sentir bien |
| うんどうかい | 運動会 | journée dédiée au sport |
| ぼんおどり | 盆踊り | danse *bon* (danse traditionnelle pour la fête d'*o-bon*) |
| フリーマーケット | | marché aux puces |
| ばしょ | 場所 | endroit, lieu, place |
| ボランティア | | volontaire, bénévole, bénévolat |
| さいふ | 財布 | portefeuille, porte-monnaie |
| ごみ | | ordures, déchets, poussière |
| こっかいぎじどう | 国会議事堂 | Palais de la Diète |
| へいじつ | 平日 | jour ouvrable |
| 〜べん | 〜弁 | dialecte de 〜 |
| こんど | 今度 | la prochaine fois, une autre fois |
| ずいぶん | | très, vraiment |
| ちょくせつ | 直接 | directement |
| いつでも | | n'importe quand, toujours |
| どこでも* | | n'importe où, partout |
| だれでも* | | n'importe qui, tout le monde |
| なんでも* | 何でも | quoi que ce soit, tout |
| こんな 〜* | | comme ceci |
| そんな 〜 | | comme cela (près de l'interlocuteur) |
| あんな 〜* | | comme cela (loin du locuteur et de l'interlocuteur) |
| ※エドヤストア | | magasin fictif |

## 〈会話〉

| | |
|---|---|
| 片(かた)づきますⅠ [荷物(にもつ)が〜] | [les affaires] être rangées, [les cartons de déménagement] être déballées et rangées |
| 出(だ)しますⅠ [ごみを〜] | déposer [les ordures], sortir [la poubelle] |
| 燃(も)える ごみ | déchets incinérables |
| 置(お)き場(ば) | dépôt, emplacement réservé à quelque chose（ordures, bicyclettes, etc.） |
| 横(よこ) | côté |
| 瓶(びん) | bouteille |
| 缶(かん) | boîte en métal, canette |
| ガス | gaz |
| 〜会社(がいしゃ) | compagnie de 〜 |

## 〈読(よ)み物(もの)〉

| | |
|---|---|
| 宇宙(うちゅう) | univers, espace |
| 〜様(さま) | Monsieur/Madame/Mademoiselle 〜（terme de respect équivalent à 〜さん） |
| 宇宙船(うちゅうせん) | vaisseau spatial |
| 怖(こわ)い | avoir peur |
| 宇宙(うちゅう)ステーション | station spatiale |
| 違(ちが)いますⅠ | être différent |
| 宇宙飛行士(うちゅうひこうし) | astronaute, cosmonaute |
| ※星出彰彦(ほしであきひこ) | astronaute japonais（1968-） |

## II. Traduction

### Structures-clés
1. Je vais partir en voyage demain./Je serai en voyage à partir de demain.
2. Je voudrais apprendre l'ikebana (l'arrangement floral). Auriez-vous la gentillesse de me présenter un bon professeur?

### Phrases-type
1. Mlle Watanabe, vous utilisez de temps en temps le dialecte d'Osaka.
   Avez-vous habité à Osaka?
   ……Oui, j'ai habité à Osaka jusqu'à l'âge de 15 ans.
2. Le design de vos chaussures est intéressant. Où les avez-vous achetées?
   ……Je les ai achetées à Edoya Store. Ce sont des chaussures espagnoles.
3. Pourquoi êtes-vous en retard?
   ……Parce que le bus n'est pas passé.
4. Allez-vous souvent au karaoké?
   ……Non, je n'y vais pas souvent. C'est parce que je n'aime pas le karaoké.
5. J'ai écrit un rapport en japonais. Pourriez-vous y jeter un coup d'œil?
   ……Oui, bien sûr.
6. Je voudrais visiter le palais de la Diète. Comment dois-je faire?
   ……Vous pouvez y aller directement. Les jours de la semaine, on peut le visiter à tout moment.

### Conversation
#### Où est-ce que je peux déposer les ordures?

Concierge: M. Miller, avez-vous fini de déballer vos affaires depuis votre déménagement?
Miller: Oui, elles sont à peu près rangées.
Dites-moi, je voudrais jeter les déchets, mais où est-ce que je peux les déposer?
Concierge: Vous pouvez sortir les ordures combustibles les lundi et jeudi dans la matinée.
Le dépôt d'ordure se trouve à côté du parking.
Miller: Pour les bouteilles et les boîtes, quel est le jour du ramassage?
Concierge: C'est le samedi.
Miller: D'accord. Et puis, je n'ai pas d'eau chaude...
Concierge: Contactez la compagnie du gaz et ils vont venir tout de suite.
Miller: Excusez-moi, puis-je avoir leur numéro?
Concierge: Oui, bien sûr.

# III. Vocabulaire de référence & informations

## ごみの出し方　Dépôt d'ordures et déchets

Afin de réduire la quantité de déchets et de favoriser le recyclage, les ordures ménagères sont triées par catégories et ramassées différents jours. Les points de collecte et les jours de ramassage sont différents selon les zones. Voici un exemple de réglementations.

---

### ごみ収集日のお知らせ
Information sur les jours de ramassage des ordures

可燃ごみ（燃えるごみ）　　　　収集日：月曜日・木曜日
ordures combustibles　　　　　jours de ramassage: lundi et jeudi
生ごみ、紙くずなど
ordures ménagères, papier, etc.

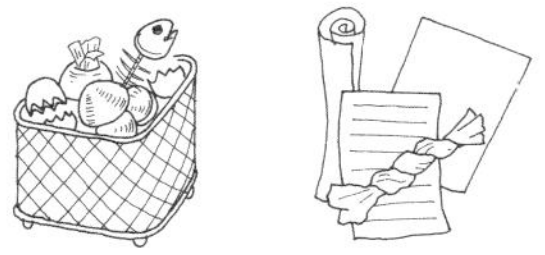

不燃ごみ（燃えないごみ）　　　収集日：水曜日
ordures non-combustibles　　　jours de ramassage: mercredi
ガラス製品、瀬戸物、金属製台所用品など
verres, porcelaines, ustensiles de cuisine métalliques, etc.

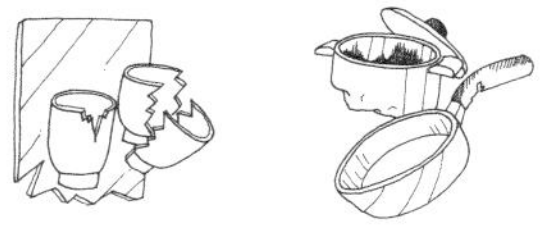

資源ごみ　　　　　　　　　　　収集日：第2、第4火曜日
ordures recyclables　　　　　　jours de ramassage: 2ème et 4ème mardi
缶、瓶、ペットボトルなど
boîtes métalliques, bouteilles en verre,
bouteilles en plastique, etc.

粗大ごみ　　　　　　　　　　　事前申し込み
déchets encombrants　　　　　demande préalable
家具、自転車など
meubles, bicyclettes, etc.

## IV. Explications grammaticales

**1.**
| V | forme neutre | |
|---|---|---|
| い -adj | forme neutre | んです |
| な -adj | forme neutre | |
| N | 〜だ→〜な | |

「〜んです」s'emploie à l'oral et la forme 〜のです est utilisée en langage à l'écrit.
〜んです est utilisé des façons suivantes:

1) 〜んですか
   (1) Lorsque le locuteur cherche à confirmer ou demander une explication sur ce qu'il a vu ou entendu.
   ① （ぬれた傘を持っている人を見て）雨が降っているんですか。
      (Ayant vu une personne qui a un parapluie mouillé) Il pleut?
   (2) Lorsque le locuteur demande une explication plus détaillée sur ce qu'il a vu ou entendu.
   ② おもしろい デザインの 靴ですね。どこで 買ったんですか。
      Le design de vos chaussures est intéressant. Où les avez-vous achetées?
   (3) Lorsque le locuteur demande à son interlocuteur d'expliquer la raison de ce que le locuteur a vu ou entendu.
   ③ どうして 遅れたんですか。       Pourquoi êtes-vous en retard?
   (4) Lorsque le locuteur demande une explication sur la situation.
   ④ どう したんですか。            Qu'y a-t-il?

[Note] Il faut faire attention à l'emploi de 〜んですか: si on l'utilise lorsqu'il n'est pas nécessaire, l'interlocuteur risque de ressentir quelque chose de désagréable.

2) 〜んです
   (1) Lorsqu'on donne une raison en réponse aux énoncés avec 〜んですか tels que (3) et (4) de 1) ci-dessus.
   ⑤ どうして 遅れたんですか。       Pourquoi êtes-vous en retard?
      ……バスが 来なかったんです。   …… Parce que le bus n'est pas venu.
   ⑥ どう したんですか。            Qu'est-ce qu'il y a?
      ……ちょっと 気分が 悪いんです。 …… C'est que je ne me sens pas bien.
   (2) Lorsque le locuteur ajoute une raison à ce qu'il vient de dire.
   ⑦ よく カラオケに 行きますか。
      ……いいえ、あまり 行きません。カラオケは 好きじゃ ないんです。
      Allez-vous souvent au karaoké?
      …… Non, je n'y vais pas tellement. Je n'aime pas le karaoké.

[Note] 〜んです n'est pas utilisé lorsqu'on mentionne simplement un fait. Il est utilisé uniquement pour donner une raison.

　　　×わたしは マイク・ミラーなんです。

3) ～んですが、～

～んですが est utilisé pour aborder un sujet et est suivi par des expressions telles qu'une requête, une invitation et une demande de permission (cf. L.14). Comme dans l'exemple ⑩, la partie qui suit ～んですが peut être omise quand son contenu est évident.

⑧ 頭が 痛いんですが、帰っても いいですか。
　　J'ai mal à la tête... Puis-je rentrer?

⑨ 来週 友達と スキーに 行くんですが、ミラーさんも いっしょに 行きませんか。
　　Je vais skier avec mes amis la semaine prochaine. Ne viendrez-vous pas avec nous, M. Miller?

⑩ お湯が 出ないんですが……。　　Je n'ai pas d'eau chaude...

2. $\boxed{\text{V て -forme いただけませんか}}$ Auriez-vous la gentillesse de...?/ Ne pourriez-vous pas...?

C'est une expression de requête plus polie que ～て ください．

⑪ いい 先生を 紹介して いただけませんか。
　　Auriez-vous la gentillesse de me présenter un bon professeur?

3. $\boxed{\text{Interrogatif V た -forme ら いいですか}}$ Que/Quand/Où/Comment/Qui/Lequel devrais-je faire...?

C'est une expression pour demander un conseil ou une indication.

⑫ どこで カメラを 買ったら いいですか。
　　……ABC ストアが 安いですよ。
　　Où est-ce qu'il serait bien d'acheter un appareil photo?
　　…… ABC Store n'est pas cher.

⑬ 国会議事堂を 見学したいんですが、どう したら いいですか。
　　…… 直接 行ったら いいですよ。
　　Je voudrais visiter le Palais de la Diète. Mais comment devrais-je faire?
　　…… Vous pouvez y aller directement.

Comme l'illustre la réponse ⑬, on peut utiliser l'expression V た -forme ら いいですよ pour donner un conseil ou recommander quelque chose à son interlocuteur.

4. $\boxed{\text{N(objet)は } \begin{cases} \text{好きです／嫌いです} \\ \text{上手です／下手です} \\ \text{あります, etc.} \end{cases}}$ 
aimer/ne pas aimer
être habile à (bon en)/être malhabile à (mauvais en) ⎬ N
avoir, etc.

⑭ よく カラオケに 行きますか。
　　……いいえ、あまり 行きません。 カラオケは 好きじゃ ないんです。
　　Allez-vous souvent au karaoké?
　　…… Non, je n'y vais pas souvent. Je n'aime pas le karaoké.

La thématisation de l'objet direct を a été présentée dans le livre de débutant I (L.17). Le nom marqué par が qui est l'objet de la phrase telle que すきです peut être également thématisé comme dans l'exemple ⑭.

# Leçon 27

## I. Vocabulaire

| | | |
|---|---|---|
| かいますⅠ | 飼います | avoir, élever (un animal) |
| はしりますⅠ<br>　［みちを～］ | 走ります<br>　［道を～］ | courir, rouler [sur la route] |
| みえますⅡ<br>　［やまが～］ | 見えます<br>　［山が～］ | [une montagne] se voir |
| きこえますⅡ<br>　［おとが～］ | 聞こえます<br>　［音が～］ | [un bruit] s'entendre |
| できますⅡ<br>　［みちが～］ | <br>　［道が～］ | [une route] être construite, être faite, être achevée, être prête |
| ひらきますⅠ<br>　［きょうしつを～］ | 開きます<br>　［教室を～］ | organiser [une classe] |
| しんぱい［な］ | 心配［な］ | inquiet |
| ペット | | animal de compagnie |
| とり | 鳥 | oiseau |
| こえ | 声 | voix |
| なみ | 波 | vague |
| はなび | 花火 | feux d'artifice |
| どうぐ | 道具 | outil, ustensile, instrument, équipement |
| クリーニング | | nettoyage, blanchissage |
| いえ | 家 | maison, foyer |
| マンション | | appartement, immeuble résidentiel |
| キッチン | | cuisine |
| ～きょうしつ | ～教室 | cours de ～, classe de ～ |
| パーティールーム | | salle de réception |
| かた | 方 | personne (terme de respect équivalent à ひと) |
| ～ご | ～後 | après ～, dans ～ (durée du temps) |
| ～しか | | ne ～ que, seulement (s'emploie avec une négation) |
| ほかの | | autre |
| はっきり | | clairement |

## 〈会話〉

| | |
|---|---|
| 家具 (かぐ) | meuble |
| 本棚 (ほんだな) | étagère à livres, bibliothèque |
| いつか | un jour |
| 建てますⅡ (た) | construire |
| すばらしい | merveilleux, magnifique, admirable |

## 〈読み物〉

| | |
|---|---|
| 子どもたち (こ) | enfants |
| 大好き[な] (だいす) | aimer beaucoup, favori |
| 主人公 (しゅじんこう) | héro, héroïne |
| 形 (かたち) | forme |
| 不思議[な] (ふしぎ) | mystérieux, étrange, curieux |
| ポケット | poche |
| 例えば (たと) | par exemple |
| 付けますⅡ (つ) | attacher, mettre |
| 自由に (じゆう) | librement, en toute liberté |
| 空 (そら) | ciel |
| 飛びますⅠ (と) | voler |
| 昔 (むかし) | ancien temps, autrefois |
| 自分 (じぶん) | soi-même |
| 将来 (しょうらい) | avenir, futur |
| ※ドラえもん | nom d'un personnage d'une bande dessinée |

## II. Traduction

**Structures-clés**
1. Je sais parler un peu japonais.
2. On voit clairement les montagnes.
3. Un grand supermarché vient d'être construit devant la gare.

**Phrases-type**
1. Savez-vous lire le journal japonais?
   ……Non, je ne sais pas le lire.
2. On entend des chants d'oiseaux, n'est-ce pas?
   ……Oui, le printemps est déjà là.
3. Quand est-ce que le temple Horyu-ji a été construit?
   ……Il a été construit en 607.
4. Combien de jours de vacances d'été pouvez-vous prendre chez Power Electric?
   ……Eh bien, environ trois semaines.
   C'est bien. Je ne peux prendre qu'une semaine de congé dans ma société.
5. Peut-on avoir des animaux domestiques dans cet appartement?
   ……On peut avoir des petits oiseaux et des poissons, mais pas de chiens ni de chats.

**Conversation**

### Vous pouvez tout fabriquer, n'est-ce pas?

Miller: Qu'il est clair et joli, votre appartement!
Suzuki: Oui. Les jours où il fait beau, on voit la mer.
Miller: Cette table a un design intéressant, n'est-ce pas?
   Où l'avez-vous achetée?
Suzuki: Je l'ai fabriquée moi-même.
Miller: Ah! C'est vrai?
Suzuki: Oui, mon hobby est de fabriquer des meubles moi-même.
Miller: Ah bon! Alors, avez-vous fabriqué vous-même cette étagère à livres aussi?
Suzuki: Oui.
Miller: C'est formidable. Vous pouvez tout fabriquer, n'est-ce pas, M. Suzuki?
Suzuki: Mon rêve est de construire un jour moi-même ma propre maison.
Miller: Quel rêve merveilleux!

## III. Vocabulaire de référence & informations

### 近くの店　Magasins de proximité

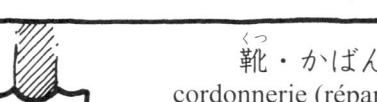

#### 靴・かばん修理、合いかぎ
cordonnerie (réparation de chaussures et sac ; reproduction de clés)

| | |
|---|---|
| ヒール・かかと修理 | réparation de talons |
| つま先修理 | renforcement d'embouts |
| 中敷き交換 | changement de semelles |
| クリーニング | nettoyage |
| ファスナー交換 | remplacement de fermetures éclair |
| ハンドル・持ち手交換 | changement de poignées |
| ほつれ・縫い目の修理 | raccommodage de tissu effiloché, de couture |
| 合いかぎ | reproduction de clés |

#### クリーニング屋　blanchisserie, pressing

| | |
|---|---|
| ドライクリーニング | nettoyage à sec |
| 水洗い | lavage (à l'eau) |
| 染み抜き | détachage |
| はっ水加工 | imperméabilisation |
| サイズ直し | retouches |
| 縮む | rétrécir |
| 伸びる | s'étendre |

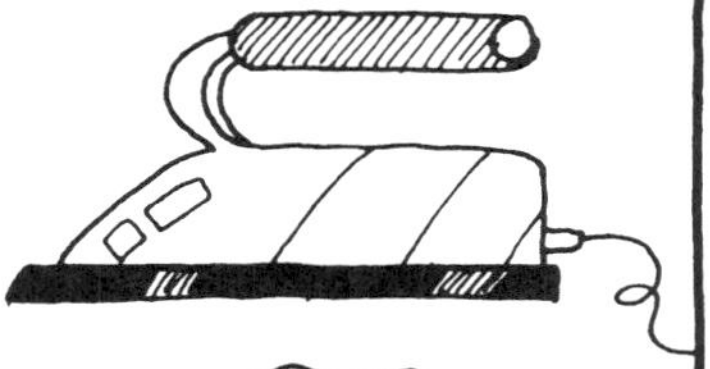

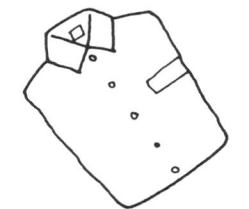

#### コンビニ　supérette (*convenience store, combini*)

| | |
|---|---|
| 宅配便の受け付け | service de livraison à domicile |
| ATM | distributeur automatique de billets |
| 公共料金等の支払い | règlement des frais de services publics |
| コピー、ファクス | photocopie, fax |
| はがき・切手の販売 | vente de cartes postales et de timbres |
| コンサートチケットの販売 | vente de billets de concerts |

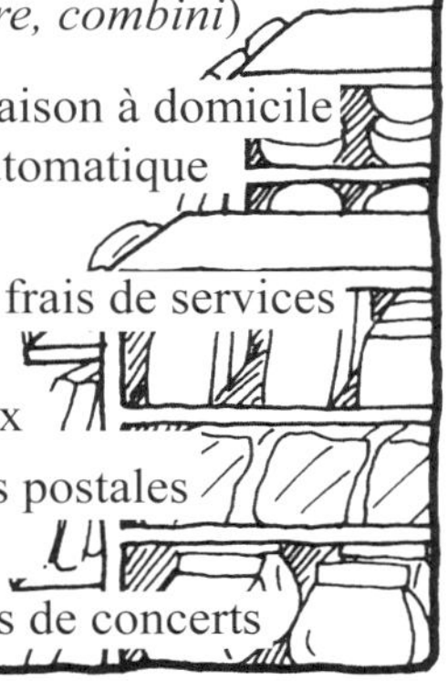

## IV. Explications grammaticales

### 1. Verbes potentiels

La structure «N／V en forme dictionnaire ＋ことが できます» a été présentée dans la leçon 18 du livre de débutant I comme une forme exprimant la potentialité. Dans cette leçon, les verbes potentiels seront abordés comme une autre forme de potentialité.

|     |       | Verbes potentiels |              |
| --- | ----- | ----------------- | ------------ |
|     |       | forme polie       | forme neutre |
| I   | かきます | かけます | かける |
|     | かいます | かえます | かえる |
| II  | たべます | たべられます | たべられる |
| III | きます  | こられます | こられる |
|     | します  | できます | できる |

(Voir Livre principal L.27 Exercice A1)

Les verbes potentiels se conjuguent comme ceux du groupe II.
Ex. かえます　かえる　かえ(ない)　かえて

Il faut noter que わかります, ayant déjà le sens de capacité, ne prend pas la forme わかれます.

### 2. Les phrases dans lesquelles les verbes potentiels sont utilisés

1) Les verbes potentiels expriment un état, mais pas d'action. Ainsi, bien que l'objet d'un verbe transitif soit indiqué par la particule を, l'objet d'un verbe potentiel est généralement marqué par la particule が.

① わたしは 日本語を 話します。　　Je parle japonais.
② わたしは 日本語が 話せます。　　Je sais parler japonais.

Les particules autres que を ne changent pas.

③ 一人で 病院へ 行けますか。　　Pouvez-vous aller à l'hôpital tout seul?
④ 田中さんに 会えませんでした。　　Je n'ai pas pu voir M. Tanaka.

2) Les verbes potentiels peuvent être utilisés, soit pour décrire la capacité d'une personne à faire quelque chose (⑤), soit pour indiquer qu'une action est possible dans une situation donnée (⑥).

⑤ ミラーさんは 漢字が 読めます。　　M. Miller sait lire les kanji.
⑥ この 銀行で ドルが 換えられます。　On peut changer des dollars dans cette banque.

### 3. 見えます et 聞こえます

みえます et きこえます ne sont pas volitifs: ils dénotent respectivement le fait qu'un objet apparaît naturellement dans un champ visuel et le fait qu'un son parvient aux oreilles naturellement. Les objets sont marqués par la particule が. みえます et きこえます ne peuvent pas être utilisés pour décrire les situations dans lesquelles une personne prête attention à quelque chose délibérément, auquel cas le verbe potentiel doit être utilisé.

⑦ 新幹線から 富士山が 見えます。　　On voit le Mont Fuji depuis le Shinkansen.
⑧ ラジオの 音が 聞こえます。　　On entend le son de la radio.

⑨ 新宿で 今 黒沢の 映画が 見られます。
En ce moment, on peut voir un film de Kurosawa à Shinjuku.

⑩ 電話で 天気予報が 聞けます。
On peut écouter les prévisions météorologiques par téléphone.

## 4. できます

Le verbe できます étudié dans cette leçon signifie «se produire», «être achevé», «être fini» et «être fait», etc.

⑪ 駅の 前に 大きい スーパーが できました。
Un grand supermarché vient d'être construit devant la gare.

⑫ 時計の 修理は いつ できますか。
Pour quand cette montre sera-t-elle réparée?

## 5. しか

しか est attaché au nom et au quantitatif, etc. et il s'emploie toujours avec une forme négative. Le mot auquel しか est attaché est mis au premier plan et tout le reste est mis en négation. Quand しか s'attache à un mot marqué par が ou を, ces derniers sont omis. Quand il s'agit des autres particules, しか se place après. しか dénote un sens d'insuffisance.

⑬ ローマ字しか 書けません。　　Je ne sais écrire que les romaji.
⑭ ローマ字だけ 書けます。　　Je sais écrire uniquement les romaji.

## 6. N は (contraste)

Outre la fonction d'introduire le thème, は sert à indiquer le contraste.

⑮ ワインは 飲みますが、ビールは 飲みません。
Je bois du vin, mais pas de bière.

⑯ きのうは 山が 見えましたが、きょうは 見えません。
Hier, on pouvait voir les montagnes, mais aujourd'hui on ne les voit pas.

## 7. は ayant fonction de mettre en relief le mot auquel une autre particule est déjà attachée

Comme cela a été expliqué dans le livre de débutant I, article 1 (p.160), lorsque は s'emploie avec un mot qui est déjà attaché par が ou を, ces derniers doivent être omis et は remplace が ou を. Mais lorsque は marque un mot avec autres particules que が et を, は se place après la particule en question.

⑰ 日本では 馬を 見る ことが できません。
Au Japon, on ne peut pas voir de chevaux. (L.18)

⑱ 天気の いい 日には 海が 見えるんです。
On peut voir la mer les jours où il fait beau.

⑲ ここからは 東京スカイツリーが 見えません。
On ne peut pas voir Tokyo Sky Tree à partir d'ici.

# Leçon 28

## I. Vocabulaire

| | | |
|---|---|---|
| うれますⅡ<br>　[パンが～] | 売れます | [Le pain] se vendre |
| おどりますⅠ | 踊ります | danser |
| かみますⅠ | | mâcher, mordre |
| えらびますⅠ | 選びます | choisir |
| かよいますⅠ<br>　[だいがくに～] | 通います<br>　[大学に～] | fréquenter, aller régulièrement à [l'université] |
| メモしますⅢ | | noter, prendre des notes |
| | | |
| まじめ[な] | | sérieux |
| ねっしん[な] | 熱心[な] | enthousiaste, assidu |
| | | |
| えらい | 偉い | admirable, grand |
| ちょうど いい | | juste, approprié, comme il faut |
| | | |
| けしき | 景色 | paysage, vue |
| びよういん | 美容院 | salon de coiffure |
| だいどころ | 台所 | cuisine |
| | | |
| けいけん | 経験 | expérience (～が あります：avoir une expérience, ～を します：faire une expérience) |
| ちから | 力 | force |
| にんき | 人気 | popularité（[がくせいに]～が あります：être populaire [chez les étudiants]） |
| | | |
| かたち | 形 | forme |
| いろ | 色 | couleur |
| あじ | 味 | goût |
| ガム | | chewing-gum |
| | | |
| しなもの | 品物 | article, marchandise |
| ねだん | 値段 | prix |
| きゅうりょう | 給料 | salaire |
| ボーナス | | bonus |
| | | |
| ゲーム | | jeu, jeu sur l'ordinateur |
| ばんぐみ | 番組 | programme, émission |
| ドラマ | | drame, série (télévisée), feuilleton |
| かしゅ | 歌手 | chanteur |
| しょうせつ | 小説 | roman |
| しょうせつか | 小説家 | romancier |
| ～か | ～家 | -eur, -cien, etc. (suffixe indiquant une personne qui pratique un métier artistique, etc. Ex. danseur, musicien) |

| ～き | ～機 | -eur, machine à ～ (suffixe indiquant une machine. Ex. aspirateur, machine à laver) |
|---|---|---|
| むすこ | 息子 | (mon) fils |
| むすこさん* | 息子さん | fils (de quelqu'un d'autre) |
| むすめ | 娘 | (ma) fille |
| むすめさん* | 娘さん | fille (de quelqu'un d'autre) |
| じぶん | 自分 | soi-même |
| しょうらい | 将来 | avenir, futur |
| しばらく |  | un petit moment, un certain temps |
| たいてい |  | la plupart du temps, d'habitude |
| それに |  | en plus, de plus |
| それで |  | ainsi, c'est pourquoi |

〈会話〉

| ［ちょっと］お願いが あるんですが。 | J'ai un [petit] service à vous demander. |
|---|---|
| 実は | en fait |
| 会話 | conversation |
| うーん | eh bien, voyons, euh |

〈読み物〉

| お知らせ | annonce, information |
|---|---|
| 参加しますⅢ | participer |
| 日にち | date |
| 土 | samedi |
| 体育館 | gymnase |
| 無料 | gratuit |
| 誘いますⅠ | inviter qqn. à faire qqch./proposer à qqn. de faire qqch. ensemble |
| イベント | manifestation (culturelle, sportive, etc.) |

## II. Traduction

**Structures-clés**
1. Je mange en écoutant de la musique.
2. Je fais du jogging tous les matins.
3. Le métro est rapide et pas cher, prenons donc le métro.

**Phrases-type**
1. Quand j'ai sommeil au volant, je conduis en mâchant un chewing-gum.
   ……Ah oui? Moi, j'arrête ma voiture et dors un moment.
2. Étudiez-vous en écoutant de la musique?
   ……Non. Quand je travaille, je n'écoute pas de musique.
3. Il étudie à l'université en travaillant.
   ……Vraiment? C'est quelqu'un d'admirable!
4. Que faites-vous d'habitude les jours de congé?
   ……Eh bien, je fais de la peinture en général.
5. Le professeur Watt est enthousiaste, intéressant et en plus il a de l'expérience.
   ……C'est un bon professeur.
6. Venez-vous souvent à ce restaurant de sushi?
   ……Oui. Le prix est raisonnable et le poisson est frais, donc je viens souvent manger ici.
7. Pourquoi avez-vous choisi l'Université Fuji?
   ……Parce que l'Université Fuji est connue, il y a beaucoup de bons professeurs, et en plus de cela, il y a une résidence.

**Conversation**

### J'ai pas mal de voyages d'affaires et j'ai un examen…

Sachiko Ogawa: M. Miller, j'ai un service à vous demander.
Miller: Oui, de quoi s'agit-il?
Sachiko Ogawa: C'est que je vais partir faire un séjour en famille en Australie au mois d'août.
Miller: Un séjour en famille? C'est bien.
Sachiko Ogawa: Oui et j'apprends l'anglais avec mes amis en ce moment, mais…
Miller: Oui?
Sachiko Ogawa: J'ai du mal à progresser.
Comme je n'ai pas de professeur et je n'ai pas d'occasion de parler en anglais…
M. Miller, ne pourriez-vous pas devenir mon professeur de conversation?
Miller: Moi, votre professeur? Euh… je suis assez pris par mon travail…
Sachiko Ogawa: Quand vous avez le temps, devant une tasse de thé, par exemple.
Miller: Euh… j'ai pas mal de voyages d'affaires et j'ai bientôt un examen de japonais…
Sachiko Ogawa: Je vois.
Miller: Je suis désolé.

## III. Vocabulaire de référence & informations

うちを借(か)りる     **Louer un logement**

Comment lire les informations sur les logements

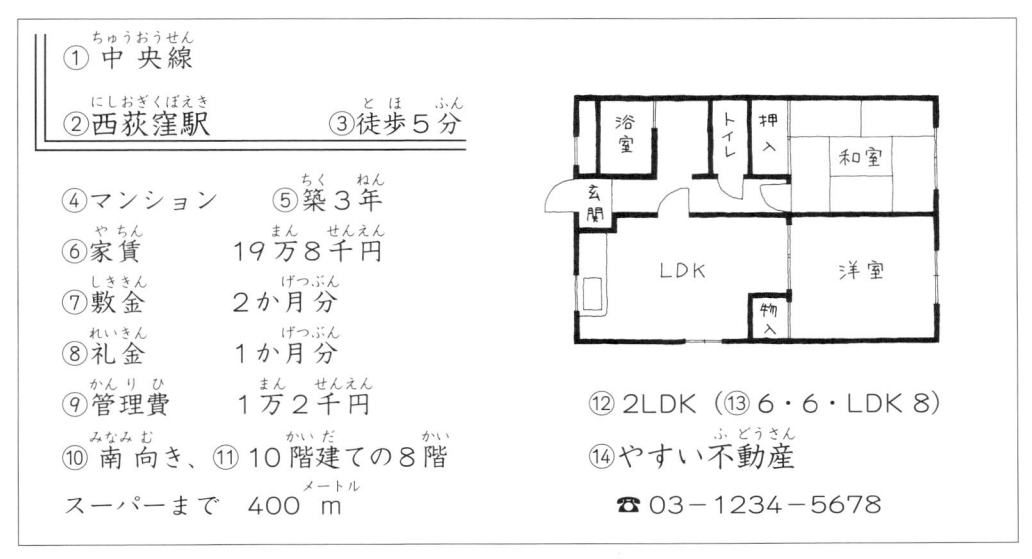

```
┌─────────────────────────────────┐  ┌──────────────────┐
│        ちゅうおうせん            │  │ 浴室  │押│        │
│ ① 中央線                         │  │      トイレ入│ 和室 │
│   にしおぎくぼえき   ③とほ ふん  │  │ 玄            │      │
│ ② 西荻窪駅    ③ 徒歩 5 分        │  │ 関            │      │
│                                  │  │       LDK    洋室    │
│ ④マンション  ⑤築3年            │  │                      │
│         やちん     まん せんえん │  │              物     │
│ ⑥ 家賃   19万8千円              │  │              入     │
│   しききん    かげつぶん         │  └──────────────────┘
│ ⑦ 敷金    2か月分                │
│   れいきん    かげつぶん         │   ⑫ 2LDK (⑬ 6・6・LDK 8)
│ ⑧ 礼金    1か月分                │
│   かんりひ   まん せんえん       │   ⑭ やすい不動産
│ ⑨ 管理費  1万2千円              │
│   みなみむ     かいだ  かい      │   ☎ 03-1234-5678
│ ⑩ 南向き、⑪10階建ての8階       │
│   スーパーまで 400 m             │
└─────────────────────────────────┘
```

① nom d'une ligne de train
② nom de la gare la plus proche
③ cinq minutes à pied depuis la gare
④ immeuble résidentiel en béton armé
    ※ アパート      petit immeuble en bois avec un étage ou sans étage
       一戸建(いっこだ)て     maison individuelle
⑤ trois ans (depuis la construction)
⑥ loyer
⑦ caution
    ※ Argent déposé comme garantie au propriétaire. En principe, cet argent est partiellement restitué lorsque le locataire quitte le logement.
⑧ droit d'entrée
    ※ Argent versé directement au propriétaire comme "cadeau" dans le cadre d'une location
⑨ charges communes
⑩ face au sud, plein sud
⑪ 7ème étage d'un immeuble de 9 étages
⑫ 2 pièces cuisine-séjour-salle à manger
⑬ 6 *tatami* (= 6 畳(じょう))
    ※ '畳(じょう)' est l'unité de mesure utilisée pour mesurer la surface d'une pièce. 1 畳(じょう) correspond à la surface d'un *tatami* (approximativement 180 × 90 cm).
⑭ nom d'une agence immobilière

## IV. Explications grammaticales

**1.** $V_1$ ます -forme ながら $V_2$

Cette structure de phrase indique que lorsque quelqu'un effectue une action représentée par $V_2$, cette personne effectue simultanément une autre action, $V_1$. L'action représentée par $V_2$ est principale.

① 音楽を 聞きながら 食事します。　　　Je mange en écoutant de la musique.

Cette structure est aussi utilisée pour décrire une situation dans laquelle deux actions se déroulent continuellement pendant une certaine durée, comme l'exemple ②.

② 働きながら 日本語を 勉強して います。　J'étudie le japonais en travaillant.

**2.** V て -forme います

Cette structure de phrase s'emploie également pour indiquer une action effectuée de façon habituelle et répétée. Cette action qui a eu lieu avant le moment d'énonciation est exprimée par la structure V て -forme いました.

③ 毎朝 ジョギングを して います。
　Je fais du jogging tous les matins.

④ 子どもの とき、毎晩 8時に 寝て いました。
　Je me couchais tous les soirs à huit heures quand j'étais enfant.

**3.** Forme neutre し、forme neutre し、〜

1) Cette structure de phrase est utilisée pour mentionner plus de deux choses similaires l'une après l'autre sur le thème. Par exemple, dans l'exemple ⑤, les choses mentionnées sont similaires car ce sont toutes les qualités de la personne en question.

⑤ 鈴木さんは ピアノも 弾けるし、歌も 歌えるし、ダンスも できます。
　M. Suzuki sait jouer du piano, il sait chanter et il sait aussi danser.

Cette structure de phrase implique l'intention du locuteur d'ajouter un autre fait, et non pas de mentionner un seul fait. De ce fait, la particule も est fréquemment utilisée. それに est aussi utilisé comme dans l'exemple ⑥.

⑥ 田中さんは まじめだし、中国語も 上手だし、それに 経験も あります。
　M. Tanaka est sérieux, sait bien parler chinois, et en plus il a de l'expérience.

2) Cette structure de phrase peut être utilisée lorsque la partie de 〜し、〜し indique les raisons de la partie qui suit.

⑦ ここは 値段も 安いし、魚も 新しいし、よく 食べに 来ます。
　Ici le prix est raisonnable et le poisson est frais, donc je viens souvent manger ici.

Dans ce cas-là, si la conclusion est évidente, elle peut être omise, en laissant uniquement les raisons.

⑧ どうして この 店へ 来るんですか。
　……ここは 値段も 安いし、魚も 新しいし……。
　Pourquoi venez-vous dans ce restaurant?
　…… Parce que le prix est raisonnable et le poisson est frais...

Le dernier し peut être remplacé par から qui exprime la raison.

⑨ どうして 日本の アニメが 好きなんですか。
…… 話も おもしろいし、音楽も すてきですから。
Pourquoi aimez-vous les dessins animés japonais?
…… Parce que les histoires sont intéressantes et que les musiques sont ravissantes.

## 4. それで

それで indique que la partie qui suit est la conséquence de ce qui est mentionné précédemment comme étant la raison.

⑩ 将来 小説家に なりたいです。それで 今は アルバイトを しながら 小説を 書いて います。
Je veux devenir romancier dans l'avenir. C'est pourquoi j'écris un roman en travaillant à temps partiel.

⑪ ここは コーヒーも おいしいし、食事も できるし……。
……それで 人気が あるんですね。
Ici, le café est bon et on peut aussi manger...
…… C'est pour cela qu'il est populaire, n'est-ce pas?

## 5. 〜とき + particule

とき qui est étudié dans la leçon 23 est un nom, donc il peut être suivi par une particule.

⑫ 勉強する ときは、音楽を 聞きません。
Quand j'étudie, je n'écoute pas de musique.

⑬ 疲れた ときや 寂しい とき、よく 田舎の 青い 空を 思い出す。
Je me souviens souvent du ciel bleu de mon pays natal quand je suis fatigué ou triste.

(L.31)

# Leçon 29

## I. Vocabulaire

| | | |
|---|---|---|
| あきますI [ドアが〜] | 開きます | [une porte] s'ouvrir |
| しまりますI [ドアが〜] | 閉まります | [une porte] se fermer |
| つきますI [でんきが〜] | [電気が〜] | [une lumière] s'allumer |
| きえますII* [でんきが〜] | 消えます [電気が〜] | [une lumière] s'éteindre |
| こわれますII [いすが〜] | 壊れます | [une chaise] (se) casser |
| われますII [コップが〜] | 割れます | [un verre] (se) casser |
| おれますII [きが〜] | 折れます [木が〜] | [un arbre] (se) casser, se briser |
| やぶれますII [かみが〜] | 破れます [紙が〜] | [un papier] se déchirer |
| よごれますII [ふくが〜] | 汚れます [服が〜] | [un vêtement] se salir |
| つきますI [ポケットが〜] | 付きます | [une poche] être fixée, être appliquée |
| はずれますII [ボタンが〜] | 外れます | [une bouton] se défaire |
| とまりますI [くるまが〜] | 止まります [車が〜] | [une voiture] s'arrêter, stationner |
| まちがえますII | | se tromper |
| おとしますI | 落とします | faire tomber, laisser tomber, perdre |
| かかりますI [かぎが〜] | 掛かります | être fermé [à clé] |
| ふきますI | | essuyer |
| とりかえますII | 取り替えます | changer |
| かたづけますII | 片づけます | ranger, mettre en ordre |

| | | |
|---|---|---|
| [お]さら | [お]皿 | assiette |
| [お]ちゃわん* | | bol |
| コップ | | verre, gobelet |
| ガラス | | verre (matière) |
| ふくろ | 袋 | sac |
| しょるい | 書類 | papiers, documents |
| えだ | 枝 | branche, rameau |
| えきいん | 駅員 | agent de gare |
| こうばん | 交番 | poste de police |
| スピーチ | | discours (〜を します：faire un discours) |

| へんじ | 返事 | réponse (〜を します：répondre) |
| おさきに どうぞ。 | お先に どうぞ。 | Après vous./Je vous suit. |
| ※源氏物語 (げんじものがたり) | | "Le Dit du Genji" (roman écrit par Murasaki Shikibu à l'époque de Heian.) |

## 〈会話〉

| 今の 電車 (いま の でんしゃ) | le train qui vient de partir |
| 忘れ物 (わすれもの) | objet oublié, objet perdu |
| このくらい | (grand) comme ça |
| 〜側 (がわ) | côté 〜 |
| ポケット | poche |
| 〜辺 (へん) | à peu près 〜, environ 〜 (indiquant l'endroit approximatif) |
| 覚えて いません。(おぼえて いません。) | Je ne me souviens pas. |
| 網棚 (あみだな) | filet à bagages |
| 確か (たしか) | si j'ai bonne mémoire |
| [ああ、] よかった。 | [Ah] c'est formidable./[Ouf] je suis rassuré. (expression utilisée pour exprimer le sentiment de soulagement) |
| ※新宿 (しんじゅく) | nom d'une gare/nom d'un quartier à Tokyo |

## 〈読み物〉

| 地震 (じしん) | tremblement de terre, séisme |
| 壁 (かべ) | mur |
| 針 (はり) | aiguille (d'une montre) |
| 指します I (さします) | indiquer, marquer, désigner |
| 駅前 (えきまえ) | zone en face de la gare |
| 倒れます II (たおれます) | s'écrouler |
| 西 (にし) | ouest |
| 〜の 方 (ほう) | côté de 〜, direction de 〜 |
| 燃えます II (もえます) | brûler |
| レポーター | reporter, envoyé spécial |

## II. Traduction

**Structures-clés**
1. La fenêtre est fermée.
2. J'ai oublié mon parapluie dans le train.

**Phrases-type**
1. La salle de réunion est fermée à clé, n'est-ce pas?
   ……Alors, nous allons demander à Mlle Watanabe de l'ouvrir.
2. Puis-je utiliser cet ordinateur?
   ……Il est en panne, servez-vous l'autre qui est là-bas.
3. Où est le vin que M. Schmidt a apporté?
   ……Désolé, nous l'avons bu tous ensemble.
4. Si nous rentrions ensemble?
   ……Je suis désolée. Je vais terminer ce courriel, alors partez avant moi.
5. Êtes-vous arrivé à l'heure pour le rendez-vous?
   ……Non, je suis arrivé en retard. Je me suis trompé de chemin.
6. Que se passe-t-il?
   ……J'ai oublié mon bagage dans le taxi.

**Conversation**

J'ai oublié quelque chose.

| | |
|---|---|
| Lee: | Excusez-moi, j'ai oublié quelque chose dans le train qui vient de partir. |
| Agent de gare: | Qu'est-ce que vous avez oublié? |
| Lee: | Un sac bleu. Grand comme ça... |
| | Il y a une grande poche plaquée sur le côté extérieur. |
| Agent de gare: | Vers où l'avez-vous posé? |
| Lee: | Je ne me souviens pas bien. Mais, je l'ai mis sur le filet à bagages. |
| Agent de gare: | Qu'est-ce qu'il y a dedans? |
| Lee: | Euh... des livres et un parapluie, si j'ai bonne mémoire. |
| Agent de gare: | Bon, je vais lancer la recherche. Attendez un moment s'il vous plaît. |
| | ……………………………………………………… |
| Agent de gare: | On l'a trouvé. |
| Lee: | Ah, c'est formidable. |
| Agent de gare: | Il est en ce moment à la gare de Shinjuku. Qu'est-ce que vous voulez faire? |
| Lee: | Je vais le chercher tout de suite. |
| Agent de gare: | Alors, rendez-vous au bureau de la gare de Shinjuku. |
| Lee: | D'accord. Merci beaucoup. |

## III. Vocabulaire de référence & informations

### 状態・様子 (じょうたい・ようす) État & Apparence

| 太(ふと)っている gros | やせている maigre, mince | 膨(ふく)らんでいる gonflé | 穴(あな)が開(あ)いている troué |
|---|---|---|---|
| 曲(ま)がっている courbé | ゆがんでいる déformé | へこんでいる cabossé | ねじれている tordu |
| 欠(か)けている ébréché | ひびが入(はい)っている fendu | 腐(くさ)っている pourri | |
| 乾(かわ)いている sec | ぬれている mouillé | 凍(こお)っている gelé | |

## IV. Explications grammaticales

**1.** ┃ V て -forme います ┃

V て -forme います s'emploie également pour indiquer que la conséquence de l'action exprimée par ce verbe continue.

① 窓が 割れて います。　　　　　　La fenêtre est brisée.
② 電気が ついて います。　　　　　La lumière est allumée.

La phrase ① indique, par exemple, que la fenêtre s'est brisée à un moment donné dans le passé et que la conséquence (c'est-à-dire l'état dans lequel la fenêtre est brisée) est toujours présente.

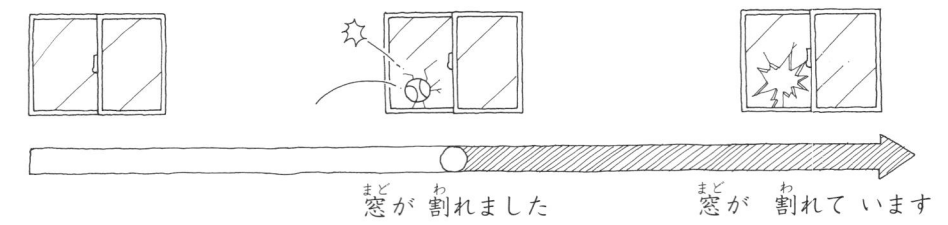

窓が 割れました　　　　　窓が 割れて います

Les verbes qui peuvent être utilisés pour cet emploi sont ceux qui impliquent le changement d'état avant et après l'action concernée, tels que あきます, しまります, つきます, きえます, こわれます, われます.

Lorsque le locuteur décrit la situation telle qu'il la voit de ses yeux, le sujet est introduit par la particule が, comme dans les exemples ① et ②. Lorsque le sujet est introduit comme le thème, la particule は est utilisée, comme dans l'exemple ③.

③ この いすは 壊れて います。　　　Cette chaise est cassée.

**2.** ┃ V て -forme しまいました／しまいます ┃

〜て しまいました souligne le fait que l'action est accomplie. 〜て しまいます indique que l'action sera accomplie à un moment donné dans le futur.

④ シュミットさんが 持って 来た ワインは みんなで 飲んで しまいました。
　　Nous avons bu ensemble tout le vin que M. Schmidt avait apporté.
⑤ 漢字の 宿題は もう やって しまいました。
　　J'ai déjà fini tout mon devoir de kanji.
⑥ 昼ごはんまでに レポートを 書いて しまいます。
　　Je finirai d'écrire mon rapport avant le déjeuner.

〜て しまいました peut aussi exprimer le sentiment de regret ou de déception du locuteur, comme dans les exemples ⑦ et ⑧.

⑦ パスポートを なくして しまいました。　　J'ai perdu mon passeport.
⑧ パソコンが 故障して しまいました。　　　Mon ordinateur est tombé en panne.

**3.** ┃ N(lieu)に 行きます／来ます／帰ります ┃

Dans ⑨ (voir Exercice C3), la particule に qui indique le point d'arrivée est utilisée à la place de la particule へ qui, elle, indique la direction. De cette façon, les verbes tels que いきます, きます, かえります peuvent être utilisés aussi bien avec «lieu へ» que «lieu に».

⑨ どこかで 財布を 落として しまったんです。
……それは 大変ですね。すぐ 交番に 行かないと。
J'ai fait tomber mon portefeuille quelque part.
…… C'est ennuyeux. Il faut aller au poste de police tout de suite.

**4.** それ／その／そう

Vous avez étudié, dans la leçon 2, comment utiliser les démonstratifs pour désigner les choses qui se trouvent dans le lieu de l'énonciation. Dans cette leçon, vous allez apprendre l'usage de それ, その, et そう dont la fonction est de désigner quelque chose qui est apparu dans le discours de l'interlocuteur ou dans le texte.

1) Dans le dialogue
   それ de ⑩ et ⑪, その de ⑫, ainsi que そう de ⑬ désignent ce que l'interlocuteur vient de mentionner.
   ⑩ どこかで 財布を 落として しまったんです。
   ……それは 大変ですね。すぐ 交番に 行かないと。
   J'ai fait tomber mon portefeuille quelque part.
   …… C'est ennuyeux. Il faut aller au poste de police tout de suite.
   ⑪ 来月から 大阪の 本社に 転勤なんです。
   Je serai muté au siège social d'Osaka le mois prochain.
   ……それは おめでとう ございます。 …… Félicitations. (L.31)
   ⑫ あのう、途中で やめたい 場合は？
   ……その 場合は、近くの 係員に 名前を 言って、帰って ください。
   Euh... si on a envie d'abandonner au milieu du parcours...?
   …… Dans ce cas-là, dites votre nom à un organisateur qui se trouve près de vous, et vous pouvez rentrer. (L.45)
   ⑬ うちへ 帰って、休んだ ほうが いいですよ。
   Vous feriez mieux de rentrer chez vous et de vous reposer.
   ……ええ、そう します。 …… Oui, je ferai ainsi. (L.32)

2) Dans le texte
   その de ⑭ désigne le contenu qui est apparu dans la phrase précédente.
   ⑭ 一人で コンサートや 展覧会に 出かけると、いいでしょう。その とき 会った 人が 将来の 恋人に なるかも しれません。
   Vous feriez mieux d'aller au concert ou à l'exposition tout seul. Une des personnes que vous rencontrerez là-bas pourrait être votre future petite amie. (L.32)

**5.** ありました

⑮ ［かばんが］ありましたよ。　　　　On a trouvé [votre sac].
Cet usage de ありました indique que le locuteur vient de trouver le sac. Cela ne signifie pas que le sac était là avant.

**6.** どこかで／どこかに

Les particules へ et を qui sont posées après どこか et なにか peuvent être omises. Par contre, les particules で et に dans どこかで et どこかに ne peuvent pas être omises.
⑯ どこかで 財布を なくして しまいました。　J'ai perdu mon portefeuille quelque part.
⑰ どこかに 電話が ありますか。　　　　　Y a-t-il un téléphone quelque part par-là?

# Leçon 30

## I. Vocabulaire

| | | |
|---|---|---|
| はります I | | afficher, coller |
| かけます II | 掛けます | accrocher |
| かざります I | 飾ります | décorer, mettre |
| ならべます II | 並べます | disposer, ranger, aligner |
| うえます II | 植えます | planter |
| もどします I | 戻します | remettre |
| まとめます II | | faire (ses bagages), rassembler, mettre en ordre, résumer, finir |
| しまいます I | | ranger, mettre qqch. dans |
| きめます II | 決めます | décider, choisir |
| よしゅうします III | 予習します | préparer sa leçon |
| ふくしゅうします III | 復習します | réviser sa leçon |
| そのままに します III | | laisser tel quel, laisser comme ça |
| | | |
| じゅぎょう | 授業 | classe, cours |
| こうぎ | 講義 | cours, conférence |
| ミーティング | | réunion |
| よてい | 予定 | programme, plan |
| おしらせ | お知らせ | annonce, information |
| | | |
| ガイドブック | | guide (touristique) |
| カレンダー | | calendrier |
| ポスター | | poster |
| よていひょう | 予定表 | programme, tableau de planning |
| ごみばこ | ごみ箱 | poubelle, corbeille à papier |
| にんぎょう | 人形 | poupée |
| かびん | 花瓶 | vase |
| かがみ | 鏡 | miroir, glace |
| ひきだし | 引き出し | tiroir |
| | | |
| げんかん | 玄関 | vestibule, entrée |
| ろうか | 廊下 | couloir |
| かべ | 壁 | mur |
| いけ | 池 | étang, bassin |
| | | |
| もとの ところ | 元の 所 | place initiale, à sa place |
| | | |
| まわり | 周り | circonférence, autour, alentours |
| まんなか* | 真ん中 | milieu, centre |
| すみ | 隅 | coin |
| | | |
| まだ | | encore, toujours |

### 〈会話〉

| | |
|---|---|
| リュック | sac à dos |
| 非常袋 (ひじょうぶくろ) | sac de survie |
| 非常時 (ひじょうじ) | (en) cas d'urgence |
| 生活します Ⅲ (せいかつ) | vivre |
| 懐中電灯 (かいちゅうでんとう) | lampe de torche |
| 〜とか、〜とか | 〜, 〜, entre autres/〜, 〜, par exemple |

### 〈読み物〉

| | |
|---|---|
| 丸い (まる) | rond |
| ある 〜 | un 〜, un certain 〜 |
| 夢を見ます Ⅱ (ゆめ・み) | faire un rêve |
| うれしい | content |
| 嫌[な] (いや) | ne pas aimer, déplaisant |
| すると | alors |
| 目が覚めます Ⅱ (め・さ) | se réveiller |

## II. Traduction

**Structures-clés**
1. Il y a un plan de la ville affiché sur le mur du poste de police.
2. Je vais faire les diverses recherches sur Internet avant de partir en voyage.

**Phrases-type**
1. Les nouvelles toilettes de la gare sont amusantes.
    ……Pardon? Ah bon?
   Des fleurs et des animaux sont dessinés sur les murs.
2. Où est le ruban adhésif?
    ……Il est rangé dans ce tiroir-là.
3. En parlant de votre voyage d'affaires du mois prochain, voulez-vous que je réserve l'hôtel?
    ……Oui, s'il vous plaît.
4. Quand vous aurez fini d'utiliser les ciseaux, remettez-les à leur place.
    ……Oui, d'accord.
5. Puis-je ranger les documents?
    ……Non, laissez-les comme ça, s'il vous plaît.
      Je m'en sers encore.

**Conversation**

Il faut que je prépare le sac de survie...

Miller : Bonjour.
Suzuki : Bonjour. Entrez, je vous en prie.
Miller : Il y a un grand sac à dos.
　　　　Partez-vous à la montagne?
Suzuki : Non, c'est un sac de survie.
Miller : Un sac de survie? Qu'est-ce que c'est?
Suzuki : C'est un sac qui contient les affaires nécessaires en cas d'urgence.
　　　　On a mis des choses qui permettront de survivre environ trois jours même s'il n'y a plus d'électricité et de gaz.
Miller : C'est de l'eau et de la nourriture?
Suzuki : Oui, mais il y a aussi bien d'autres choses. Comme une lampe de torche ou une radio...
Miller : Il faut que j'en prépare un, moi aussi.
Suzuki : Vous savez, le sac de survie se vend même au supermarché.
Miller : C'est vrai? Alors, je vais m'en acheter.

## III. Vocabulaire de référence & informations

### 非常の場合　　En cas d'urgence

〔1〕地震の場合　En cas de tremblement de terre
　1）備えが大切　Il est important d'être prêt
　　① 家具が倒れないようにしておく
　　　Fixer les meubles de sorte qu'ils ne tombent pas.
　　② 消火器を備える・水を貯えておく
　　　S'équiper d'un extincteur. Avoir une réserve d'eau.
　　③ 非常袋を用意しておく
　　　Préparer une trousse de survie avec les éléments nécessaires.
　　④ 地域の避難場所を確認しておく
　　　Vérifier le point d'évacuation défini pour son quartier en cas de sinistre.
　　⑤ 家族、知人、友人と、もしもの場合の連絡先を決めておく
　　　Décider d'une adresse à contacter avec sa famille, ses amis et ses connaissances.
　2）万一地震が起きた場合　En cas de tremblement de terre
　　① 丈夫なテーブルの下にもぐる
　　　Se mettre sous une table solide.
　　② 落ち着いて火の始末
　　　Éteindre avec sang-froid toutes sources de chaleur (gazinière, poêle à pétrole, appareil électrique...)
　　③ 戸を開けて出口の確保
　　　Ouvrir la porte pour s'assurer d'une sortie.
　　④ 慌てて外に飛び出さない
　　　Ne pas se précipiter pour sortir de la maison.
　3）地震が収まったら　Quand les secousses cessent
　　　正しい情報を聞く（山崩れ、崖崩れ、津波に注意）
　　　Écouter les informations précises (attention aux glissements de terrain et aux raz de marrée).
　4）避難する場合は　En cas d'évacuation
　　　車を使わず、必ず歩いて
　　　Évacuer les lieux toujours à pied et non pas en voiture.

〔2〕台風の場合　En cas de typhon
　　① 気象情報を聞く　　　　Écouter les prévisions météorologiques.
　　② 家の周りの点検　　　　Vérifier l'extérieur de la maison.
　　③ ラジオの電池の備えを　Préparer des piles pour la radio.
　　④ 水、緊急食品の準備　　Prévoir des réserves d'eau et de nourriture.

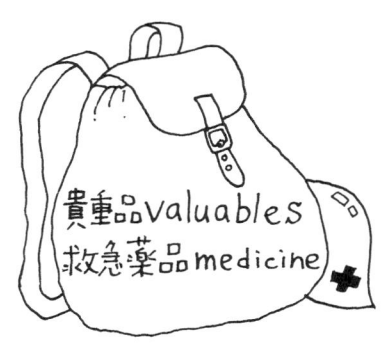

## IV. Explications grammaticales

**1.** V て -forme あります

V て -forme あります indique un état dans lequel demeure la conséquence d'une action menée par quelqu'un pour un certain but. Les verbes transitifs sont utilisés pour cet usage.

1) N₁ に N₂ が V て -forme あります

① 机の 上に メモが 置いて あります。
   Il y a des notes posées sur le bureau.
② カレンダーに 今月の 予定が 書いて あります。
   Le programme de ce mois-ci est écrit sur le calendrier.

2) N₂ は N₁ に V て -forme あります

Lorsque N₂ est mis comme thème, la particule は est utilisée.

③ メモは どこですか。
   …… [メモは] 机の 上に 置いて あります。
   Où sont les notes?
   …… [Les notes,] elles sont posées sur le bureau.
④ 今月の 予定は カレンダーに 書いて あります。
   Le programme de ce mois-ci est écrit sur le calendrier.

[Note] Différence entre V て -forme います et V て -forme あります.

⑤ 窓が 閉まって います。      La fenêtre est fermée.
⑥ 窓が 閉めて あります。      La fenêtre a été fermée.

Les exemples ⑤ et ⑥ illustrent l'emploi d'un verbe intransitif (しまります) et de son verbe transitif correspondant (しめます), avec respectivement V て -forme います et V て -forme あります. ⑤ décrit simplement l'état de la fenêtre qui est fermée, tandis que ⑥ indique que cet état est le résultat d'une action délibérée de quelqu'un.

**2.** V て -forme おきます

1) Cette structure indique qu'une action ou un acte nécessaire est achevé avant un moment donné.

⑦ 旅行の まえに、切符を 買って おきます。
   J'achèterai le billet avant le voyage.
⑧ 次の 会議までに 何を して おいたら いいですか。
   ……この 資料を 読んで おいて ください。
   Qu'est-ce que je devrai faire avant la prochaine réunion?
   …… Lisez ces documents.

2) Cette structure indique qu'une action nécessaire est achevée ou une mesure provisoire est prise en prévision de l'usage de quelque chose.

⑨ はさみを 使ったら、元の 所に 戻して おいて ください。
   Quand vous aurez fini d'utiliser les ciseaux, remettez-les à leur place.

3) Cette structure indique que l'état résultant est maintenu tel qu'il est.
- ⑩ あした 会議が ありますから、いすは この ままに して おいて ください。
  Comme il y aura une réunion demain, laissez les chaises telles qu'elles sont.
  [Note] À l'orale, 〜て おきます devient souvent 〜ときます．
- ⑪ そこに 置いといて (置いて おいて) ください。
  Posez-la là-bas, s'il vous plaît. (L.38)

## 3. まだ + forme affirmative   encore/toujours

- ⑫ まだ 雨が 降って います。    Il pleut toujours.
- ⑬ 道具を 片づけましょうか。
  ……まだ 使って いますから、その ままに して おいて ください。
  Voulez-vous que je range les outils?
  …… Non, je les utilise encore. Laissez-les comme ça, s'il vous plaît.

Ce mot まだ signifie «encore» ou «toujours» et indique qu'une action ou un état se poursuit.

## 4. とか

とか s'emploie pour énumérer des exemples comme や. とか est plus utilisé à l'orale que や, et peut être ajouté après le dernier nom énuméré.

- ⑭ どんな スポーツを して いますか。
  ……そうですね。テニスとか 水泳とか……。
  Quel sport pratiquez-vous?
  …… Eh bien, par exemple le tennis, la natation...

## 5. Particule casuelle + も

Lorsque も s'attache à un nom auquel が ou を est déjà attaché, も remplace が et を. Lorsqu'une autre particule (ex. に, で, から, まで ou と) est déjà attachée au nom, cette particule n'est pas supprimée et も se place après cette dernière. Si la particule へ est attachée au nom, も peut le remplacer ou se placer à la suite de へ.

- ⑮ ほかにも いろいろ あります。   Il y a encore plein d'autres choses.
- ⑯ どこ[へ]も 行きません。        Je ne vais nulle part.

# Leçon 31

## I. Vocabulaire

| | | |
|---|---|---|
| つづけます II | 続けます | continuer |
| みつけます II | 見つけます | trouver, retrouver |
| とります I | 取ります | prendre [un congé] |
| [やすみを～] | [休みを～] | |
| うけます II | 受けます | passer [un examen] |
| [しけんを～] | [試験を～] | |
| もうしこみます I | 申し込みます | souscrire, s'inscrire |
| きゅうけいします III | 休憩します | se reposer, faire une pause |
| れんきゅう | 連休 | série de jours fériés |
| さくぶん | 作文 | composition, rédaction |
| はっぴょう | 発表 | présentation, annonce (～します : présenter un exposé, annoncer) |
| てんらんかい | 展覧会 | exposition |
| けっこんしき | 結婚式 | cérémonie de mariage, noce |
| [お]そうしき* | [お]葬式 | cérémonie funèbre, funérailles |
| しき* | 式 | cérémonie |
| ほんしゃ | 本社 | siège social |
| してん | 支店 | succursale |
| きょうかい | 教会 | église |
| だいがくいん | 大学院 | école doctorale (master et doctorat) |
| どうぶつえん | 動物園 | zoo |
| おんせん | 温泉 | station thermale, eaux thermales |
| かえり | 帰り | retour |
| おこさん | お子さん | enfant (de quelqu'un d'autre) |
| －ごう | －号 | n° － (numéro de train, de typhon, etc.) |
| ～の ほう | ～の 方 | côté de ～, direction de ～ |
| ずっと | | tout le temps, longtemps |
| ※バリ | | Bali (île d'Indonésie) |
| ※ピカソ | | Pablo Picasso, peintre espagnol (1881-1973) |
| ※のぞみ | | nom d'un Shinkansen (～42号 : Super Express Nozomi n° 42) |
| ※新神戸 | | nom d'une gare dans la préfecture de Hyogo |

〈会話〉
残ります I　　　　　　　　　rester
入学試験　　　　　　　　　concours d'entrée
月に　　　　　　　　　　　par mois

〈読み物〉
村　　　　　　　　　　　　village
卒業します III　　　　　　sortir de l'école, finir ses études
映画館　　　　　　　　　　（salle de）cinéma
嫌[な]　　　　　　　　　　ne pas aimer, déplaisant
空　　　　　　　　　　　　ciel
閉じます II　　　　　　　　fermer
都会　　　　　　　　　　　ville
子どもたち　　　　　　　　enfants
自由に　　　　　　　　　　librement, en toute liberté

## II. Traduction

**Structures-clés**
1. Allons ensemble.
2. Je pense créer ma propre société dans l'avenir.
3. J'ai l'intention d'acheter une voiture le mois prochain.

**Phrases-type**
1. Nous sommes fatigués. Si nous nous reposions un peu?
    ……Oui, reposons-nous.
2. Qu'allez-vous faire pendant les vacances du Nouvel An?
    ……Je pense aller dans une station thermale avec ma famille.
3. Avez-vous déjà fini le rapport?
    ……Non, je ne l'ai pas encore écrit.
      Je pense le finir avant ce vendredi.
4. Allez-vous continuer à étudier le japonais même après être retourné dans votre pays?
    ……Oui, j'ai l'intention de continuer.
5. N'allez-vous pas rentrer dans votre pays pendant les vacances d'été?
    ……Non. Comme je vais me présenter à l'examen d'admission de l'école doctorale (master et doctorat), je ne pense pas rentrer cette année.
6. Je vais partir demain en voyage d'affaires à New York.
    ……Ah bon? Quand est-ce que vous revenez?
    Il est prévu que je rentre vendredi de la semaine prochaine.

**Conversation**

Je pense apprendre la cuisine.

Ogawa:   Je serai célibataire à partir du mois prochain.
Miller:   Pardon?
Ogawa:   En réalité, je serai muté dans le siège social à Osaka.
Miller:   Le siège social? Félicitations!
         Mais pourquoi deviendrez-vous célibataire?
Ogawa:   Ma femme et mon enfant vont rester à Tokyo.
Miller:   Ah bon? Ils ne vont pas aller avec vous?
Ogawa:   Non. Mon fils dit qu'il veut rester à Tokyo parce qu'il a un concours d'entrée à l'université l'année prochaine. En plus, ma femme dit qu'elle ne veut pas quitter sa société actuelle.
Miller:   C'est pourquoi vous allez vivre séparément.
Ogawa:   Oui. Mais j'ai l'intention de rentrer chez ma famille deux ou trois week-ends par mois.
Miller:   Vous êtes bien courageux.
Ogawa:   Mais je pense profiter de l'occasion pour apprendre la cuisine.
Miller:   C'est bien.

# III. Vocabulaire de référence & informations

## 専門(せんもん) Domaines d'étude

| | | | |
|---|---|---|---|
| 医学(いがく) | médecine | 政治学(せいじがく) | sciences politiques |
| 薬学(やくがく) | pharmacie | 国際関係学(こくさいかんけいがく) | relations internationales |
| 化学(かがく) | chimie | 法律学(ほうりつがく) | droit |
| 生化学(せいかがく) | biochimie | 経済学(けいざいがく) | sciences économiques |
| 生物学(せいぶつがく) | biologie | 経営学(けいえいがく) | gestion des entreprises, management |
| 農学(のうがく) | agronomie | 社会学(しゃかいがく) | sociologie |
| 地学(ちがく) | géologie | 教育学(きょういくがく) | sciences de l'éducation |
| 地理学(ちりがく) | géographie | 文学(ぶんがく) | littérature |
| 数学(すうがく) | mathématiques | 言語学(げんごがく) | linguistique, sciences du langage |
| 物理学(ぶつりがく) | physique | 心理学(しんりがく) | psychologie |
| 工学(こうがく) | technologie, ingénierie | 哲学(てつがく) | philosophie |
| 土木工学(どぼくこうがく) | génie civil | 宗教学(しゅうきょうがく) | théologie |
| 電子工学(でんしこうがく) | électronique | 芸術(げいじゅつ) | arts |
| 電気工学(でんきこうがく) | génie électrique | 美術(びじゅつ) | beaux-arts |
| 機械工学(きかいこうがく) | mécanique | 音楽(おんがく) | musique |
| コンピューター工学(こうがく) | informatique | 体育学(たいいくがく) | éducation physique |
| 遺伝子工学(いでんしこうがく) | génie génétique | | |
| 建築学(けんちくがく) | architecture | | |
| 天文学(てんもんがく) | astronomie | | |
| 環境科学(かんきょうかがく) | science de l'environnement | | |

## IV. Explications grammaticales

### 1. Forme volitive

Les manières de construire la forme volitive à partir de la ます-forme sont les suivantes. (Voir Livre principal L.31 Exercice A1)

Groupe I: changer le dernier son de la ます-forme: du son de la colonne-い en celui de la colonne-お, et ajouter う

かき－ます → かこ－う　　いそぎ－ます → いそご－う
よみ－ます → よも－う　　あそび－ます → あそぼ－う

Groupe II: ajouter よう à la ます-forme

たべ－ます → たべ－よう　　み－ます → み－よう

Groupe III:

し－ます → し－よう　　き－ます → こ－よう

### 2. Utilisation de la forme volitive

1) Cette forme est utilisée dans une phrase de style neutre, comme forme neutre de 〜ましょう.

① ちょっと 休まない？　　　　　　Si nous nous reposions un peu?
　……うん、休もう。　　　　　　…… Oui, reposons-nous.
② 手伝おうか。　　　　　　　　　Veux-tu que je t'aide?
③ 傘を 持って 行こうか。　　　　Allons-nous prendre nos parapluies?

[Note] En général, la phrase interrogative de style neutre ne prend pas la particule か en fin de phrase. Mais, dans le cas de la phrase interrogative de style neutre de 〜ましょうか, comme les exemples ② et ③, il est important de rappeler que la particule finale か est nécessaire.

2) V en forme volitive と 思って います

Cette structure est utilisée pour indiquer l'intention du locuteur à son interlocuteur. La structure V en forme volitive と おもいます est utilisée dans ce sens. Cependant, V en forme volitive と おもって います implique que le locuteur a pris sa décision il y a un certain temps et qu'il continue à avoir la même intention.

④ 週末は 海へ 行こうと 思って います。
　　Je compte aller à la mer ce week-end.
⑤ 今から 銀行へ 行こうと 思います。
　　Je pense aller à la banque maintenant.

[Note] V en forme volitive と おもいます indique uniquement l'intention du locuteur lui-même, alors que V en forme volitive と おもって います peut indiquer l'intention d'une tierce personne.

⑥ 彼は 学校を 作ろうと 思って います。
　　Il a l'intention de créer une école.

## 3.

$$\left.\begin{array}{l}\text{V en forme dictionnaire}\\ \text{V ない -forme ない}\end{array}\right\} \text{つもりです}$$

V en forme dictionnaire つもりです indique l'intention du locuteur de faire quelque chose. Pour indiquer l'intention de ne pas faire quelque chose, la structure V ない -forme ない つもりです est en général utilisée.

⑦ 国へ 帰っても、日本語の 勉強を 続ける つもりです。
  J'ai l'intention de continuer mes études de japonais même après être retourné dans mon pays.

⑧ あしたからは たばこを 吸わない つもりです。
  J'ai décidé de ne plus fumer dès demain.

[Note] Il y a peu de différence de sens entre V en forme volitive と おもって います et V en forme dictionnaire つもりです. Néanmoins, cette dernière structure s'emploie le plus souvent pour indiquer une intention ferme ou la détermination.

## 4.

$$\left.\begin{array}{l}\text{V en forme dictionnaire}\\ \text{N の}\end{array}\right\} \text{予定です}$$

Cette structure s'emploie pour indiquer ce qui est prévu ou un programme.

⑨ 7月の 終わりに ドイツへ 出張する 予定です。
  Je compte faire un voyage d'affaires en Allemagne fin juillet.

⑩ 旅行は 1週間ぐらいの 予定です。
  Le voyage doit durer environ une semaine.

## 5. まだ V て -forme いません

Cette structure indique qu'un fait ne s'est pas encore produit ou qu'une action n'est pas encore accomplie au moment de l'énonciation.

⑪ 銀行は まだ 開いて いません。　　La banque n'est pas encore ouverte.

⑫ レポートは もう 書きましたか。　　Avez-vous déjà écrit votre rapport?
　……いいえ、まだ 書いて いません。　…… Non, je ne l'ai pas encore écrit.

## 6. 帰ります － 帰り

Dans certains cas, la même forme que la ます -forme peut être utilisée comme un nom comme l'illustrent ⑬ et ⑭.

⑬ 帰りの 新幹線は どこから 乗りますか。
  Où prendrez-vous le Shinkansen pour le retour?

⑭ 休みは 何曜日ですか。
  Quels sont les jours de fermeture/les jours de congés? (L.4)

Il existe d'autres cas tels que:
遊びます － 遊び　　答えます － 答え
申し込みます － 申し込み　　楽しみます (s'amuser) － 楽しみ

# Leçon 32

## I. Vocabulaire

| | | |
|---|---|---|
| うんどうします Ⅲ | 運動します | faire du sport, faire de l'exercice |
| せいこうします Ⅲ | 成功します | réussir |
| しっぱいします Ⅲ* | 失敗します | échouer [à un examen] |
| [しけんに〜] | [試験に〜] | |
| ごうかくします Ⅲ | 合格します | réussir [(à) un examen] |
| [しけんに〜] | [試験に〜] | |
| やみます Ⅰ | | [la pluie] cesser |
| [あめが〜] | [雨が〜] | |
| はれます Ⅱ | 晴れます | s'éclaircir |
| くもります Ⅰ | 曇ります | se couvrir, s'assombrir |
| つづきます Ⅰ | 続きます | [la fièvre] persister |
| [ねつが〜] | [熱が〜] | |
| ひきます Ⅰ | | prendre [froid], attraper [un rhume] |
| [かぜを〜] | | |
| ひやします Ⅰ | 冷やします | rafraîchir |
| こみます Ⅰ | 込みます | [la rue] se remplir de monde |
| [みちが〜] | [道が〜] | |
| すきます Ⅰ | | [la rue] se vider de monde |
| [みちが〜] | [道が〜] | |
| でます Ⅱ | 出ます | |
| [しあいに〜] | [試合に〜] | participer [à un match] |
| [パーティーに〜] | | assister [à une soirée] |
| むりを します Ⅲ | 無理を します | forcer |
| | | |
| じゅうぶん[な] | 十分[な] | suffisant, assez |
| | | |
| おかしい | | bizarre, étrange, drôle |
| うるさい | | bruyant |
| | | |
| せんせい | 先生 | docteur |
| | | |
| やけど | | brûlure (〜を します : se brûler) |
| けが | | blessure (〜を します : se blesser) |
| せき | | toux (〜を します／〜が でます : tousser) |
| インフルエンザ | | grippe |
| | | |
| そら | 空 | ciel |
| たいよう* | 太陽 | soleil |
| ほし | 星 | étoile |
| かぜ | 風 | vent |
| ひがし* | 東 | est |
| にし | 西 | ouest |
| みなみ | 南 | sud |
| きた* | 北 | nord |

| | | |
|---|---|---|
| こくさい〜 | 国際〜 | 〜 international |
| すいどう | 水道 | eau courante |
| エンジン | | moteur |
| チーム | | équipe |
| こんや | 今夜 | ce soir |
| ゆうがた | 夕方 | soir, fin d'après-midi |
| まえ | | avant, il y a |
| おそく | 遅く | tard |
| こんなに* | | autant que ceci, tellement |
| そんなに* | | autant que ceci, tellement (à propos de qqch. ou qqn. concernant l'interlocuteur) |
| あんなに | | autant que ceci, tellement (à propos de qqch. ou qqn. qui ne concerne ni le locuteur ni l'interlocuteur) |
| ※ヨーロッパ | | Europe |

〈会話〉

| | |
|---|---|
| 元気 | vitalité, entrain, moral |
| 胃 | estomac |
| ストレス | stress |
| それは いけませんね。 | C'est bien embêtant... |

〈読み物〉

| | |
|---|---|
| 星占い | horoscope |
| 牡牛座 | le Taureau |
| 働きすぎ | surcharge de travail |
| 困りますI | avoir des ennuis, être en difficulté |
| 宝くじ | loterie |
| 当たりますI [宝くじが〜] | gagner [à la loterie] |
| 健康 | santé |
| 恋愛 | amour |
| 恋人 | amoureux, amoureuse, petit(e) ami(e) |
| ラッキーアイテム | objet porte-chance |
| 石 | pierre |

## II. Traduction

**Structures-clés**
1. Vous feriez mieux de faire du sport tous les jours.
2. Il va neiger demain.
3. Il se pourrait que je sois en retard.

**Phrases-type**
1. Que pensez-vous des jobs d'étudiants?
   ……Je trouve que c'est bien. Il est préférable d'avoir diverses expériences quand on est jeune.
2. Je voudrais aller faire un tour en Europe pour environ un mois. A votre avis, est-ce que 400 000 yen suffiront?
   ……Je pense que cela suffit.
   Mais il vaut mieux ne pas prendre l'argent liquide.
3. Professeur, que va devenir l'économie japonaise?
   ……Eh bien. Elle ne va pas s'améliorer pendant encore quelque temps.
4. Docteur, est-ce que Hans a attrapé la grippe?
   ……Oui, c'est la grippe. Il est possible que la forte fièvre persiste pendant deux ou trois jours, mais ne vous inquiétez pas.
5. Le bruit du moteur est bizarre, n'est-ce pas?
   ……Oui, c'est vrai. Il pourrait s'agir d'une panne.
   Je vais vérifier.

**Conversation**

Il vaut mieux ne pas forcer.

Ogawa : M. Schmidt, vous n'avez pas l'air d'être en forme.
Qu'est-ce qu'il y a?
Schmidt : Je ne me sens pas bien ces temps-ci.
De temps en temps, j'ai mal à la tête et à l'estomac.
Ogawa : C'est bien embêtant. Avez-vous beaucoup de travail?
Schmidt : Oui, je fais pas mal d'heures supplémentaires.
Ogawa : Cela peut être le stress.
Vous feriez mieux de vous faire examiner à l'hôpital.
Schmidt : Oui, c'est vrai.
Ogawa : Il vaut mieux ne pas trop forcer.
Schmidt : Oui. Quand le travail que je mène actuellement sera terminé, je compte bien prendre des vacances.
Ogawa : C'est bien.

# III. Vocabulaire de référence & informations

## 天気予報 (てんきよほう) Prévisions météorologiques

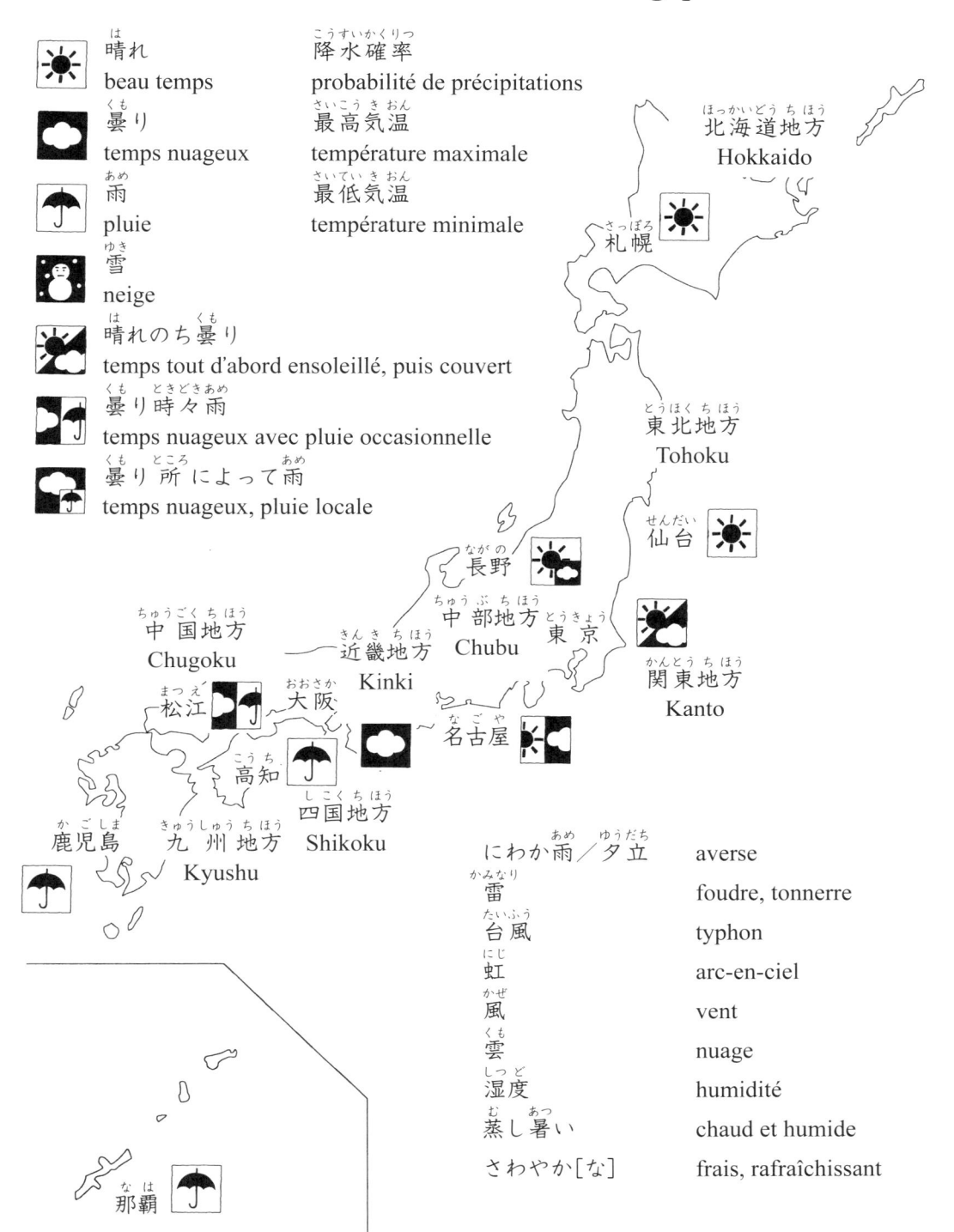

晴れ (は) — beau temps
曇り (くも) — temps nuageux
雨 (あめ) — pluie
雪 (ゆき) — neige
晴れのち曇り (は／くも) — temps tout d'abord ensoleillé, puis couvert
曇り時々雨 (くも／ときどきあめ) — temps nuageux avec pluie occasionnelle
曇り所によって雨 (くも／ところ／あめ) — temps nuageux, pluie locale

降水確率 (こうすいかくりつ) — probabilité de précipitations
最高気温 (さいこうきおん) — température maximale
最低気温 (さいていきおん) — température minimale

北海道地方 (ほっかいどうちほう) Hokkaido
札幌 (さっぽろ)
東北地方 (とうほくちほう) Tohoku
仙台 (せんだい)
長野 (ながの)
中部地方 (ちゅうぶちほう) Chubu
東京 (とうきょう)
関東地方 (かんとうちほう) Kanto
中国地方 (ちゅうごくちほう) Chugoku
近畿地方 (きんきちほう) Kinki
松江 (まつえ)
大阪 (おおさか)
名古屋 (なごや)
高知 (こうち)
四国地方 (しこくちほう) Shikoku
鹿児島 (かごしま)
九州地方 (きゅうしゅうちほう) Kyushu
那覇 (なは)

にわか雨／夕立 (あめ／ゆうだち) — averse
雷 (かみなり) — foudre, tonnerre
台風 (たいふう) — typhon
虹 (にじ) — arc-en-ciel
風 (かぜ) — vent
雲 (くも) — nuage
湿度 (しつど) — humidité
蒸し暑い (む／あつ) — chaud et humide
さわやか[な] — frais, rafraîchissant

32

47

## IV. Explications grammaticales

**1.**  
| V た -forme  
| V ない -forme ない } ほうが いいです

① 毎日 運動した ほうが いいです。  
Vous feriez mieux de faire du sport tous les jours.

② 熱が あるんです。  
……じゃ、おふろに 入らない ほうが いいですよ。  
J'ai de la fièvre.  
…… Dans ce cas-là, vous feriez mieux de ne pas prendre de bain.

Cette structure s'emploie pour faire une suggestion ou pour donner un conseil à l'interlocuteur. V た -forme ほうが いいです signifie que deux choses sont comparées et qu'une de deux choses est meilleure. Ceci implique qu'il n'est pas bien de ne pas effectuer l'action proposée. Donc, dans certains cas, en utilisant cette expression, il risque de donner une impression d'autorité à l'interlocuteur. Lorsque le locuteur recommande simplement une action, la structure 〜たら いい (L.26) est à utiliser.

③ 日本の お寺が 見たいんですが……。  
……じゃ、京都へ 行ったら いいですよ。  
Je voudrais voir des temples japonais...  
…… Alors, je pense que le mieux serait d'aller à Kyoto.

**2.**  
| V  
| い -adj } forme neutre  
| な -adj } forme neutre  
| N } 〜だ  } でしょう

〜でしょう s'emploie lorsque le locuteur évoque quelque chose du futur ou quelque chose d'incertain sans pouvoir l'affirmer.

④ あしたは 雨が 降るでしょう。  
Il va pleuvoir demain.

⑤ タワポンさんは 合格するでしょうか。  
……きっと 合格するでしょう。  
Croyez-vous que Thawaphon sera admis?  
…… Je suis sûr qu'il sera admis.

**3.**  
| V  
| い -adj } forme neutre  
| な -adj } forme neutre  
| N } 〜だ } かも しれません

〜かも しれません peut être utilisé lorsque le locuteur veut indiquer qu'il y a une possibilité, même minime, de 〜.

⑥ 約束の 時間に 間に 合わないかも しれません。  
Il se pourrait que nous soyons en retard au rendez-vous.

## 4. V ます -forme ましょう

⑦ エンジンの 音が おかしいんですが。
……そうですね。故障かも しれません。ちょっと 調べましょう。
Le bruit du moteur est bizarre...
…… C'est vrai. Il pourrait s'agir d'une panne. Je vais vérifier.

V ます -forme ましょう de ⑦ est une expression pour indiquer une intention du locuteur à son interlocuteur. Elle est utilisée lorsque le locuteur propose une action à son interlocuteur. Cette expression implique une volonté plus affirmative que V ます -forme ましょうか (L.14).

## 5. Quantitatif で

Cette expression indique une limite, par exemple une limite temporelle.

⑧ 駅まで 30分で 行けますか。
Peut-on aller à la gare en trente minutes?

⑨ 3万円で パソコンが 買えますか。
Peut-on acheter un ordinateur avec trente mille yen?

## 6. 何か 心配な こと

⑩ 何か 心配な ことが あるんですか。
Y a-t-il quelque chose d'inquiétant?

Dans le cas illustré par l'exemple ⑩, c'est l'expression なにか しんぱいな こと qui est utilisée, et non pas しんぱいな なにか. Les autres expressions de ce genre sont les suivantes: なにか 〜 もの, どこか 〜 ところ, だれか 〜 ひと, いつか 〜 とき, etc.

⑪ スキーに 行きたいんですが、どこか いい 所、ありますか。
J'aimerais aller faire du ski. Connaissez-vous un endroit sympa?

# Leçon 33

## I. Vocabulaire

| | | |
|---|---|---|
| にげます II | 逃げます | fuir, se sauver |
| さわぎます I | 騒ぎます | faire du bruit |
| あきらめます II | | abandonner, renoncer |
| なげます II | 投げます | lancer, jeter |
| まもります I | 守ります | maintenir, respecter, observer |
| はじまります I [しきが〜] | 始まります [式が〜] | [une cérémonie] commencer |
| しゅっせきします III [かいぎに〜] | 出席します [会議に〜] | assister [à une réunion] |
| つたえます II | 伝えます | transmettre (un message) |
| ちゅういします III [くるまに〜] | 注意します [車に〜] | faire attention [aux voitures] |
| はずします I [せきを〜] | 外します [席を〜] | quitter (temporairement) [son poste de travail], s'absenter (momentanément) |
| もどります I | 戻ります | revenir |
| あります I [でんわが〜] | [電話が〜] | recevoir [un coup de téléphone] |
| リサイクルします III | | recycler |
| だめ[な] | | pas bon, impossible, sans espoir, ne pas être permis |
| おなじ | 同じ | le/la même |
| けいさつ | 警察 | police, commissariat de police |
| せき | 席 | place, siège |
| マーク | | symbole, signe |
| ボール | | balle, ballon |
| しめきり | 締め切り | dernier délai |
| きそく | 規則 | règle, règlement, code |
| きけん | 危険 | Danger |
| しようきんし | 使用禁止 | Usage interdit |
| たちいりきんし | 立入禁止 | Entrée interdite |
| じょこう | 徐行 | Ralentir |
| いりぐち | 入口 | entrée |
| でぐち | 出口 | sortie |
| ひじょうぐち | 非常口 | sortie de secours |
| むりょう | 無料 | gratuit |
| わりびき | 割引 | réduction |
| のみほうだい | 飲み放題 | boissons à volonté |

| | | |
|---|---|---|
| しようちゅう | 使用中 | en cours d'utilisation, occupé |
| ぼしゅうちゅう | 募集中 | appel à candidatures |
| 〜ちゅう | 〜中 | en cours de 〜 |
| どういう 〜 | | quel, quel type de（sens） |
| いくら［〜ても］ | | même si 〜, aussi 〜 que |
| もう | | ne plus (utilisé avec une négation) |
| あと 〜 | | encore 〜, il reste 〜 |
| 〜ほど | | environ 〜 |

〈会話〉

| | |
|---|---|
| 駐車違反 | infraction à l'interdiction de stationner |
| 罰金 | amende |

〈読み物〉

| | |
|---|---|
| 地震 | tremblement de terre, séisme |
| 起きますⅡ | arriver, se produire |
| 助け合いますⅠ | s'entraider |
| もともと | originairement |
| 悲しい | triste |
| もっと | plus, davantage |
| あいさつ | salut, présentation, mots de bienvenue（〜を します：saluer, se présenter, dire les mots de bienvenue） |
| 相手 | interlocuteur, l'autre personne |
| 気持ち | sentiment |

## II. Traduction

**Structures-clés**
1. Dépêche-toi.
2. Ne touche pas.
3. «Tachiiri-kinshi» veut dire «Entrée interdite».
4. M. Miller a dit qu'il partirait en voyage d'affaires à Osaka la semaine prochaine.

**Phrases-type**
1. Je n'en peux plus. Je ne peux plus courir.
   ……Courage! Il ne reste que 500 mètres.
2. On n'a plus le temps.
   ……Il reste encore une minute. N'abandonne pas.
3. Il ne faut pas jouer dans cet étang. Il est écrit «ne pas entrer» là-bas.
   ……Ah, c'est vrai.
4. Comment peut-on lire ces kanji-là?
   ……C'est «Kin-en».
   Cela signifie «défense de fumer».
5. Quelle est la signification de ce symbole?
   ……Cela signifie qu'on peut le laver à la machine.
6. Est-ce que M. Gupta est là?
   ……Il est sorti. Il a dit qu'il serait de retour dans une trentaine de minutes.
7. Excusez-moi, pourriez-vous dire à Mlle Watanabe que la soirée de demain commencera à six heures?
   ……D'accord. C'est bien à six heures, n'est-ce pas?

**Conversation**

Qu'est-ce que cela veut dire?

Watt: Excusez-moi, ce papier était collé sur ma voiture. Comment se lisent ces kanji?
Employée de l'université: Cela se lit «Chusha-ihan».
Watt: «Chusha-ihan»? Que cela veut dire?
Employée de l'université: Cela veut dire que vous avez garé votre voiture à un endroit où il est interdit de stationner. Où l'avez-vous garée?
Watt: En face de la gare. Je suis allé acheter un magazine, et je l'ai laissée juste dix minutes.
Employée de l'université: Si c'est devant la gare, il est interdit de stationner même pour dix minutes.
Watt: C'est vrai? Je dois payer une amende?
Employée de l'université: Oui, vous devez payer 15 000 yen.
Watt: Comment? 15 000 yen?
Et dire que le magazine ne coûtait que 300 yen!

# III. Vocabulaire de référence & informations

## 標識 (ひょうしき) Signalisation

| 営業中 (えいぎょうちゅう) | 準備中 (じゅんびちゅう) | 閉店 (へいてん) | 定休日 (ていきゅうび) |
|---|---|---|---|
| Ouvert | En préparation | Fermé | Jour de fermeture |

| 化粧室 (けしょうしつ) | 禁煙席 (きんえんせき) | 予約席 (よやくせき) | 非常口 (ひじょうぐち) |
|---|---|---|---|
| Toilettes | Non fumeur | Place réservée | Sortie de secours |

| 火気厳禁 (かきげんきん) | 割れ物注意 (われものちゅうい) | 運転初心者注意 (うんてんしょしんしゃちゅうい) | 工事中 (こうじちゅう) |
|---|---|---|---|
| Inflammable | Fragile | Nouveau conducteur | Travaux en cours |

| 塩素系漂白剤不可 (えんそけいひょうはくざいふか) | 手洗い (てあらい) | アイロン(低温) (ていおん) | ドライクリーニング |
|---|---|---|---|
| Blanchiment au chlore interdit | Lavage à la main | Repassage au fer froid | Nettoyage à sec |

## IV. Explications grammaticales

### 1. Formes impérative et prohibitive

1) Comment construire la forme impérative (Voir Livre principal L.33 Exercice A1)
   Groupe I: remplacer le dernier son de la ます -forme qui est la colonne-い par le son de la colonne-え
   かき－ます → かけ　　いそぎ－ます → いそげ
   よみ－ます → よめ　　あそび－ます → あそべ
   Groupe II: ajouter ろ à la forme- ます
   たべ－ます → たべろ　　み－ます → みろ
   Exception: くれ－ます → くれ
   Groupe III: し－ます → しろ　　き－ます → こい
   [Note] Les verbes d'état tels que ある, できる et わかる n'ont pas de forme impérative.

2) Comment construire la forme prohibitive (Voir Livre principal L.33 Exercice A1)
   Ajouter な à la forme dictionnaire.

### 2. Emplois de la forme impérative et de la forme prohibitive

La forme impérative est utilisée lorsque le locuteur impose à son interlocuteur d'effectuer un acte, et la forme prohibitive, lorsque le locuteur ordonne à son interlocuteur de ne pas exécuter un acte. Étant donné que ces formes sonnent très fortement impérieuses, leur emploi en fin de phrase est extrêmement limité. De même, ces formes sont employées à l'oral presque exclusivement par les hommes. Les formes impérative et prohibitive sont utilisées en fin de phrase dans les cas suivants:

1) Par un homme supérieur du point de vue du statut social ou de l'âge envers une personne subalterne ou cadette, ou par un père envers son enfant.
   ① 早く 寝ろ。　　　　　　　　Va te coucher tout de suite.
   ② 遅れるな。　　　　　　　　Ne sois pas en retard.

2) Entre amis masculins. La particule よ est souvent ajoutée pour adoucir le ton.
   ③ あした うちへ 来い[よ]。　　Passe à la maison demain.
   ④ あまり 飲むな[よ]。　　　　Ne bois pas trop.

3) Lorsqu'on donne des instructions à des personnes travaillant collectivement par exemple dans une usine, ou en cas d'urgence comme dans un incendie ou un tremblement de terre, qui sont des situations dans lesquelles le locuteur n'a pas le temps de se préoccuper de la politesse. Même dans ces situations, ces expressions sont utilisées presque exclusivement par les hommes dont le statut ou l'âge sont supérieurs.
   ⑤ 逃げろ。　　　　　　　　　Sauve qui peut!
   ⑥ エレベーターを 使うな。　　N'utilisez pas l'ascenseur.

4) Lorsqu'on donne un ordre pendant un entraînement collectif, un cours d'éducation physique ou une activité sportive dans une école ou dans un club, etc.
   ⑦ 休め。　　　　　　　　　　Repos!
   ⑧ 休むな。　　　　　　　　　Ne vous reposez pas!

5) Lorsque les supporters crient pour encourager les sportifs durant un évènement sportif. Dans ce cas, ces formes peuvent être utilisées aussi par les femmes.
   ⑨ 頑張れ。　　　　　　　　　Allez! Courage!
   ⑩ 負けるな。　　　　　　　　Ne perds pas!/Ne perdez pas!

6) Les signaux routiers et les slogans, etc. dont la forme demande de la concision et d'être fort pour avoir un impact.

⑪ 止まれ。　　　　　　　　　　　　　Stop
⑫ 入るな。　　　　　　　　　　　　　Entrée interdite

[Note] Une autre forme de l'impératif est V ます -forme なさい. Cette forme est utilisée par les parents envers leur enfant, par les enseignants vers les élèves, etc. Elle sonne plus polie, comparée à la forme impérative de verbe. Les femmes ont recours à cette forme à la place de la forme impérative des verbes. Cependant, cette forme ne peut s'employer envers une personne supérieure.

⑬ 勉強しなさい。　　　　　　　　　　Travaille!

## 3. ～と 書いて あります／～と 読みます

⑭ あの 漢字は 何と 読むんですか。　Comment lit-on ces kanji-là?
⑮ あそこに「止まれ」と 書いて あります。　Il est écrit «stop» là-bas.

La particule と utilisée dans les exemples ⑭ et ⑮ a la même fonction que と dans la structure ～と いいます (L.21).

## 4. X は Y と いう 意味です

Cette structure sert à définir le sens de X. と いう provient de と いいます. Pour demander le sens d'un mot, l'interrogatif どういう est utilisé.

⑯ 「立入禁止」は 入るなと いう 意味です。
　　«Tachiiri-kinshi» veut dire «entrée interdite».
⑰ この マークは どういう 意味ですか。　Quelle est la signification de ce symbole?
　　……洗濯機で 洗えると いう 意味です。
　　…… Cela signifie qu'on peut le laver à la machine.

## 5. «Phrase» / Forme neutre } と 言って いました

～と いいました (L.21) est utilisé pour citer ou rapporter la parole d'une tierce personne, tandis que ～と いって いました est utilisé pour transmettre le message d'une tierce personne.

⑱ 田中さんは「あした 休みます」と 言って いました。
　　M. Tanaka a dit: «je vais m'absenter du bureau demain».
⑲ 田中さんは あした 休むと 言って いました。
　　M. Tanaka a dit qu'il s'absenterait du bureau demain.

## 6. «Phrase» / Forme neutre } と 伝えて いただけませんか

Cette expression est utilisée pour demander poliment à quelqu'un de transmettre un message.

⑳ ワンさんに「あとで 電話を ください」と 伝えて いただけませんか。
　　Pourriez-vous dire à M. Wang de me rappeler plus tard?
㉑ すみませんが、渡辺さんに あしたの パーティーは 6時からだと 伝えて いただけませんか。
　　Excusez-moi de vous déranger, mais pourriez-vous dire à Mlle Watanabe que la soirée de demain commencera à six heures?

# Leçon 34

## I. Vocabulaire

| | | |
|---|---|---|
| みがきます I [はを～] | 磨きます [歯を～] | se brosser [les dents], astiquer, polir, cirer |
| くみたてます II | 組み立てます | monter, assembler |
| おります I | 折ります | plier, casser (en deux) |
| きが つきます I [わすれものに～] | 気が つきます [忘れ物に～] | s'apercevoir [que l'on a oublié quelque chose] |
| つけます II [しょうゆを～] | | mettre [de la sauce soja] |
| みつかります I [かぎが～] | 見つかります | [la clé] être retrouvée |
| しつもんします III | 質問します | poser une question |
| さします I [かさを～] | [傘を～] | tenir [un parapluie] |
| スポーツクラブ | | club de sport |
| [お]しろ | [お]城 | château |
| せつめいしょ | 説明書 | notice, manuel d'utilisation |
| ず | 図 | figure, tracé |
| せん | 線 | ligne |
| やじるし | 矢印 | flèche (symbole) |
| くろ | 黒 | noir (nom) |
| しろ* | 白 | blanc (nom) |
| あか* | 赤 | rouge (nom) |
| あお* | 青 | bleu (nom) |
| こん | 紺 | bleu marine, bleu foncé (nom) |
| きいろ* | 黄色 | jaune (nom) |
| ちゃいろ* | 茶色 | marron, brun (nom) |
| しょうゆ | | sauce soja |
| ソース | | sauce Worcestershire, sauce (sauce blanche, sauce tomate, etc.) |
| おきゃく[さん] | お客[さん] | client, visiteur, invité |
| ～か ～ | | ～ ou ～ |
| ゆうべ | | hier soir |
| さっき | | tout à l'heure, il y a un instant |

〈会話〉
茶道 — cérémonie du thé
お茶を たてますⅡ — faire du thé (dans la cérémonie du thé)
先に — avant, d'abord
載せますⅡ — poser, mettre, charger
これで いいですか。 — Est-ce que c'est bien comme ça?
いかがですか。 — Comment le trouvez-vous?
苦い — amer

〈読み物〉
親子どんぶり — grand bol de riz recouvert avec du poulet et des œufs cuits dans une sauce
材料 — ingrédient, matériaux
～分 — pour ～ personne(s), ～ portion(s) (indiquant la quantité)
－グラム — － gramme(s)
－個 — (auxiliaire numéral pour compter de petites choses)
たまねぎ — oignon
4分の1（1/4） — un quart（1/4）
調味料 — assaisonnement, condiment
適当な 大きさに — de taille convenable
なべ — casserole, marmite
火 — feu
火に かけますⅡ — mettre qqch. sur le feu
煮ますⅡ — (faire) cuire, mijoter, faire bouillir
煮えますⅡ — cuire
どんぶり — grand bol
たちますⅠ — (le temps) passer

34

## II. Traduction

### Structures-clés
1. J'écrirai comme mon professeur me l'a dit.
2. Je me brosse les dents après les repas.
3. Je bois du café sans sucre.

### Phrases-type
1. C'est notre nouveau robot.
   ……Quel genre de robot est-ce?
   Il imite tout ce que les hommes font.
2. Est-ce que je dois monter cette table moi-même?
   ……Oui, assemblez-la en suivant la notice.
3. Attendez une minute. Vous mettez la sauce soja après avoir mis le sucre, vous savez.
   ……Oui, d'accord.
4. Si nous allions boire un verre après le travail?
   ……Désolé. Aujourd'hui, c'est le jour où je vais au club de sport.
5. Qu'est-ce que je dois porter pour le mariage de mes amis?
   ……Eh bien. Au Japon, les hommes vont au mariage habillés en costume noir ou bleu marine avec une cravate blanche.
6. Est-ce qu'on doit mettre de la sauce?
   ……Non, vous pouvez en manger sans ajouter de sauce.
7. Récemment, je me suis mis à prendre les escaliers au lieu de prendre l'ascenseur.
   ……Cela est un bon exercice, n'est-ce pas?

### Conversation
**Faites-le de la même manière que je viens de faire.**

| | |
|---|---|
| Klara: | Je voudrais voir une fois la cérémonie du thé. |
| Watanabe: | Alors, ça vous dirait d'y aller avec moi samedi prochain? |
| | ……………………………………………… |
| Professeur de thé: | Mlle Watanabe, faites du thé, s'il vous plaît. Klara, prenez un gâteau. |
| Klara: | Ah, on mange d'abord un gâteau? |
| Professeur de thé: | Oui, si vous buvez du thé après avoir mangé le gâteau sucré, le thé sera meilleur. |
| Klara: | Je vois. |
| Professeur de thé: | Eh bien, buvons du thé. D'abord, prenez le bol de thé de la main droite et posez-le sur la paume de votre main gauche. Ensuite, faites tourner le bol deux fois et buvez le thé. |
| Klara: | Oui. |
| Professeur de thé: | Bon, faites-le de la même manière que je viens de faire, s'il vous plaît. |
| | ……………………………………………… |
| Klara: | Est-ce que c'est bien comme ça? |
| Professeur de thé: | Oui. Comment le trouvez-vous? |
| Klara: | C'est un peu amer mais délicieux. |

# III. Vocabulaire de référence & informations

## 料理 Cuisine

### 料理 Cuisine

| | |
|---|---|
| 煮る | (faire) cuire |
| 焼く | (faire) cuire, griller, (faire) rôtir |
| 揚げる | (faire) frire |
| いためる | faire sauter |
| ゆでる | faire cuire/bouillir à l'eau |
| 蒸す | (faire) cuire à la vapeur, étuver |
| 炊く | (faire) cuire (le riz) |
| むく | éplucher, peler |
| 刻む | couper en petits morceaux, hacher |
| かき混ぜる | remuer, mélanger |

### 調味料 Assaisonnement

| | |
|---|---|
| しょうゆ | sauce soja |
| 砂糖 | sucre |
| 塩 | sel |
| 酢 | vinaigre |
| みそ | miso |
| 油 | huile |
| ソース | sauce Worcestershire |
| マヨネーズ | mayonnaise |
| ケチャップ | ketchup |
| からし（マスタード） | moutarde |
| こしょう | poivre |
| とうがらし | piment rouge |
| しょうが | gingembre |
| わさび | *wasabi* (raifort japonais) |
| カレー粉 | curry en poudre |

### 台所用品 Ustensiles de cuisine

| | | | |
|---|---|---|---|
| なべ | casserole, marmite | 炊飯器 | cuiseur de riz |
| やかん | bouilloire | しゃもじ | spatule pour servir le riz |
| ふた | couvercle | 缶切り | ouvre-boîte |
| おたま | louche | 栓抜き | décapsuleur, tire-bouchon |
| まな板 | plancher à découper | ざる | passoire |
| 包丁 | couteau de cuisine | ポット | thermos |
| ふきん | torchon de cuisine | ガス台 | cuisinière à gaz |
| フライパン | poêle | 流し[台] | évier |
| 電子オーブンレンジ | four à micro-ondes | 換気扇 | hotte aspirante |

34

## IV. Explications grammaticales

**1.** $\begin{Bmatrix} V_1 \text{ た -forme} \\ N \text{ の} \end{Bmatrix}$ とおりに、$V_2$

1) $\boxed{V_1 \text{ た -forme とおりに、} V_2}$

Cette structure indique que $V_2$ est à effectuer de la même manière ou sous la même condition que $V_1$.

① わたしが やった とおりに、やって ください。
   Faites-le de la même manière que je viens de faire.
② 見た とおりに、話して ください。
   Racontez exactement ce que vous avez vu.

2) $\boxed{N \text{ の とおりに、} V}$

Cette structure indique qu'une action est à effectuer sans dévier de la norme indiquée par N.

③ 線の とおりに、紙を 切って ください。
   Coupez le papier le long de la ligne.
④ 説明書の とおりに、組み立てました。
   Je l'ai assemblé suivant la notice explicative.

[Note] Étant donné que とおり est un nom, il est possible de l'utiliser en mettant directement un démonstratif tel que この, その ou あの, pour signifier «de la même manière ou sous la même condition spécifiées par le démonstratif».

⑤ この とおりに、書いて ください。
   Écrivez-le de la même manière que ceci.

**2.** $\begin{Bmatrix} V_1 \text{ た -forme} \\ N \text{ の} \end{Bmatrix}$ あとで、$V_2$

Cette structure de phrase indique que l'action dénotée par $V_2$ a lieu après l'action ou le fait exprimé par $V_1$ ou N.

⑥ 新しいのを 買った あとで、なくした 時計が 見つかりました。
   Après avoir acheté une nouvelle montre, j'ai retrouvé la montre que j'avais perdue.
⑦ 仕事の あとで、飲みに 行きませんか。
   Ça vous dirait d'aller boire un verre après le travail?

Comparée à V て -forme から (voir L.16) qui a un sens similaire, $V_1$ た -forme あとで met l'accent sur le cadre temporel dans lequel deux actions se situent respectivement. De plus, à la différence de V て -forme から, $V_1$ た -forme あとで n'implique pas le fait que $V_1$ ou N soit une condition préalable ou une action préparatoire de $V_2$.

**3.** $\left.\begin{array}{l} V_1 \text{ て -forme} \\ V_1 \text{ ない -forme ないで} \end{array}\right\} V_2$

1) Cette structure de phrase indique que V₁ est une action ou un état qui accompagne V₂. Par exemple, les exemples ⑧ et ⑨ mentionnent si l'on met ou pas de la sauce soja lorsque l'action たべます s'effectue. V₁ et V₂ sont des actions effectuées par la même personne.

    ⑧ しょうゆを つけて 食べます。
    
    J'en mange en mettant de la sauce soja.
    
    ⑨ しょうゆを つけないで 食べます。
    
    J'en mange sans sauce soja.

2) La structure V₁ ない -forme ないで V₂ est également utilisée pour indiquer une décision d'effectuer une action parmi deux actions alternatives (V₁ et V₂) qui ne peuvent pas être faites en même temps.

    ⑩ 日曜日は どこも 行かないで、うちで ゆっくり 休みます。
    
    Dimanche prochain, je ne sortirai pas. Je me reposerai tranquillement à la maison.

# Leçon 35

## I. Vocabulaire

| | | |
|---|---|---|
| さきます I [はなが〜] | 咲きます [花が〜] | [la fleur] s'épanouir, fleurir |
| かわります I [いろが〜] | 変わります [色が〜] | [la couleur] changer |
| こまります I | 困ります | avoir des ennuis, être en difficulté |
| つけます II [まるを〜] | 付けます [丸を〜] | marquer [d'un cercle] |
| なおります I [びょうきが〜] [こしょうが〜] | 治ります、直ります [病気が〜] [故障が〜] | [la maladie] guérir [la panne] être réparée |
| クリックします III | | cliquer |
| にゅうりょくします III | 入力します | entrer, saisir |
| ただしい | 正しい | correct, juste |
| むこう | 向こう | là-bas, de l'autre côté |
| しま | 島 | île |
| みなと | 港 | port |
| きんじょ | 近所 | voisinage, proximité |
| おくじょう | 屋上 | (terrasse) sur le toit |
| かいがい | 海外 | pays d'outre-mer, étranger |
| やまのぼり | 山登り | alpinisme, ascension (d'une montagne) |
| れきし | 歴史 | histoire |
| きかい | 機会 | occasion, chance |
| きょか | 許可 | permission, autorisation |
| まる | 丸 | cercle, rond |
| ふりがな | | (kana écrits au-dessus ou à côté d'un kanji pour en indiquer la prononciation) |
| せつび | 設備 | équipement, installation |
| レバー | | levier |
| キー | | clavier |
| カーテン | | rideau |
| ひも | | ficelle, cordon |
| すいはんき | 炊飯器 | cuiseur de riz |
| は | 葉 | feuille |
| むかし | 昔 | ancien temps, autrefois |
| もっと | | plus, davantage |

| | | |
|---|---|---|
| これで おわりましょう。 | これで 終わりましょう。 | C'est tout pour le moment. On s'arrête là. |
| ※箱根 (はこね) | | station climatique, site touristique dans la préfecture de Kanagawa |
| ※日光 (にっこう) | | site touristique dans la préfecture de Tochigi |
| ※アフリカ | | Afrique |
| ※マンガミュージアム | | Musée International du Manga de Kyoto |
| ※みんなの 学校 (がっこう) | | école de japonais fictive |
| ※大黒ずし (だいこく) | | restaurant de sushi fictif |
| ※IMC パソコン 教室 (きょうしつ) | | école d'informatique fictive |
| ※母の 味 (はは あじ) | | titre d'un livre fictif |
| ※はる | | salon de coiffure fictif |
| ※佐藤歯科 (さとうしか) | | cabinet dentaire fictif |
| ※毎日クッキング (まいにち) | | école de cuisine fictive |

〈会話 (かいわ)〉

| | |
|---|---|
| それなら | alors, en ce cas |
| 夜行バス (やこう) | bus de nuit |
| さあ | euh, voyons... (utilisé lorsque l'on ne connaît pas bien la réponse de la question.) |
| 旅行社 (りょこうしゃ) | agence de voyages |
| 詳しい (くわ) | détaillé |
| スキー 場 (じょう) | station de ski |
| ※草津 (くさつ) | station climatique dans la préfecture de Gunma |
| ※志賀高原 (しがこうげん) | haut plateau dans un parc national, situé dans la préfecture de Nagano |

〈読み物 (よ もの)〉

| | |
|---|---|
| 朱 (しゅ) | vermillon |
| 交わります I (まじ) | fréquenter |
| ことわざ | proverbe |
| 関係 (かんけい) | relation |
| 仲よく しますⅢ (なか) | être en bons termes |
| 必要[な] (ひつよう) | nécessaire |

## II. Traduction

**Structures-clés**
1. Quand le printemps arrive, les cerisiers fleurissent.
2. Quand il fait beau, on peut voir une île de l'autre côté.
3. Le mois de juin est une bonne période pour voyager à Hokkaido.

**Phrases-type**
1. Je n'arrive pas à ouvrir la fenêtre de la voiture...
   ······Si vous appuyez sur ce bouton, elle va s'ouvrir.
2. Est-ce que quelqu'un a un autre point de vue?
   ······Non, rien de particulier.
   Dans ce cas-là, c'est tout pour le moment.
3. Comment trouvez-vous la vie au Japon?
   ······C'est très pratique. Mais je pense que ce serait mieux si la vie était moins chère.
4. Est-ce que je dois présenter mon rapport d'ici demain?
   ······Si c'est trop difficile, présentez-le avant ce vendredi.
5. Je voudrais emprunter des livres. Que dois-je faire?
   ······Demandez au guichet pour qu'on vous fasse une carte.
6. Je pense voyager deux ou trois jours. Avez-vous de bons endroits à me recommander?
   ······Voyons... Je pense que Hakone ou Nikko seraient bien si c'est pour deux ou trois jours.

**Conversation**

### Avez-vous un endroit sympa à me recommander?

Thawaphon: M. Suzuki, j'aimerais aller faire du ski avec mes amis pendant les vacances d'hiver. Connaissez-vous un endroit sympa?
Suzuki: Vous comptez partir combien de jours?
Thawaphon: À peu près trois jours.
Suzuki: Alors, il me semble que Kusatsu ou Shiga seraient bien.
En plus, il y a des stations thermales là-bas...
Thawaphon: Comment peut-on aller?
Suzuki: Vous pouvez y aller par le JR. Mais si vous prenez le bus de nuit, il arrive le matin, alors c'est pratique.
Thawaphon: Lequel est le moins cher?
Suzuki: Euh... je ne sais pas. Si vous allez à une agence de voyage, vous aurez plus de détails.
Thawaphon: Et puis, je n'ai ni vêtement de ski ni matériel...
Suzuki: Vous pourrez tout louer à la station de ski.
Si vous êtes inquiet, vous pouvez aussi les réserver à l'agence de voyage...
Thawaphon: Ah d'accord. Merci beaucoup.

# III. Vocabulaire de référence & informations

## ことわざ　　Proverbes

**住めば都**

*À chaque oiseau, son nid est beau.*
Où que l'on vive, une fois habitué, on trouve cet endroit des plus agréables.

**三人寄れば文殊の知恵**

*Deux avis valent mieux qu'un.*
Même si trois personnes, pas particulièrement intelligentes, se réunissent, elles trouveront une bonne idée en réfléchissant ensemble.

**立てばしゃくやく、座ればぼたん、歩く姿はゆりの花**

Une belle femme est comme une fleur de pivoine quand elle est debout, comme une fleur de pivoine ligneuse quand elle est assise et comme une fleur de lys quand elle marche.

**ちりも積もれば山となる**

*Petit à petit, l'oiseau fait son nid. (Les petits ruisseaux font les grandes rivières.)*
Littéralement «Même les poussières, en s'accumulant suffisamment, peuvent former une montagne». (Même de petites choses peuvent devenir importantes si elles s'accumulent.)

**うわさをすれば影**

*Quand on parle du loup, on en voit la queue.*
Quand on parle de quelqu'un, il apparaît souvent en personne.

**苦あれば楽あり、楽あれば苦あり**

*Dans la vie, il y a des hauts et des bas. (Nul plaisir sans peine.)*

Si l'on se donne la peine, on aura du plaisir dans la vie. Inversement, la peine suit le plaisir. La vie est une succession de bonnes et de mauvaises choses.

## IV. Explications grammaticales

**1. Comment créer la forme conditionnelle** (Voir Livre principal L.35 Exercice A1)

Groupe I: remplacer le dernier son de la ます -forme qui est la colonne- い par le son de la colonne- え et ajouter ば
Groupe II: ajouter れば à la ます -forme
Groupe III: し-ます → すれば　　き-ます → くれば
[Note] Pour créer la forme conditionnelle de la forme négative d'un verbe (ex. いかない), il faut ajouter なければ à la forme- ない (ex. いか).
い -adj: remplacer い par ければ
な -adj: enlever な et ajouter なら
N: ajouter なら

**2.** | Forme conditionnelle、～ |

1) Exprimer, dans la première partie de la phrase, une condition nécessaire pour la réalisation du fait décrit dans la seconde partie (proposition principale):

① ボタンを 押せば、窓が 開きます。　Si vous appuyez sur le bouton, la fenêtre va s'ouvrir.
② 彼が 行けば、わたしも 行きます。　S'il y va, moi aussi j'y vais.
③ あした 都合が よければ、来て ください。　Si cela vous convient, venez demain.
④ いい 天気なら、向こうに 島が 見えます。
　　S'il fait beau, on pourra voir une île de l'autre côté.

2) Exprimer le jugement du locuteur en réponse à ce que l'interlocuteur vient de lui dire ou en tenant compte d'une situation:

⑤ ボールペンが ないんですが。　Je n'ai pas de stylo bille...
……ボールペンが なければ、鉛筆で 書いて ください。
…… Si vous n'avez pas de stylo bille, écrivez avec un crayon.
⑥ あしたまでに レポートを 出さなければ なりませんか。
……無理なら、金曜日までに 出して ください。
Est-ce que je dois remettre mon rapport d'ici demain?
…… Si c'est trop difficile, remettez-le avant ce vendredi.

En règle générale, la seconde partie de la phrase (proposition principale) ne contient pas d'expressions de l'intention, du souhait, de l'ordre, de la requête, etc. Cependant, quand le sujet de la première partie est différent du sujet de la seconde partie (ex. ②) ou quand le prédicat de la première partie est un état (ex. ③, ⑤), ces expressions sont possibles dans la seconde partie.

[Référence] Comparaison avec les expressions similaires déjà étudiées:

1) ～と (L.23)

と indique que si l'action ou le fait présenté devant と se produit, l'état, l'action, le phénomène ou la situation décrit dans la proposition principale qui succède se produit inévitablement. Dans la seconde partie de la phrase (proposition principale), les expressions relatives à l'intention, au souhait, à l'ordre ou à la requête, etc. ne sont pas utilisées.

⑦ ここを 押すと、ドアが 開きます。　Si vous appuyez ici, la porte va s'ouvrir.
⑦ peut être exprimé en utilisant ～ば.
⑧ ここを 押せば、ドアが 開きます。　Si vous appuyez ici, la porte va s'ouvrir.

2) ～たら (L.25)

～たら a deux usages : (1) exprimer la condition hypothétique et (2) indiquer que, quand la réalisation de V た-forme est évidente, une fois réalisé, l'action ou la situation décrite dans la proposition principale qui succède se produit. Dans la seconde partie de la phrase (proposition principale), les expressions telles que l'intention, le souhait, l'ordre et la requête peuvent être utilisées.

⑨ 東京へ 来たら、ぜひ 連絡して ください。
　　Si vous venez à Tokyo, contactez-moi sans faute.
　×東京へ 来ると、ぜひ 連絡して ください。
　×東京へ 来れば、ぜひ 連絡して ください。

⑩ 田中さんが 東京へ 来れば、[わたしは] 会いに 行きます。
　　Si M. Tanaka vient à Tokyo, je viendrai le voir.

Lorsque l'intention du locuteur est exprimée dans la seconde partie (proposition principale), comme dans l'exemple ⑨, seul ～たら peut être utilisé, mais et non pas ～と ni ～ば. Cependant, comme l'illustre l'exemple ⑩, lorsque le sujet de la première partie et celui de la seconde partie de la phrase (proposition principale) sont différents, même la volonté du locuteur est présente dans la seconde partie (proposition principale), ～ば peut être utilisé. De cette façon, ～たら a une utilisation large, mais se caractérise plutôt dans la langue parlée, il s'emploie donc moins à l'écrit.

### 3. Interrogatif V en forme conditionnelle いいですか

Cette expression s'emploie pour demander un conseil ou une indication à un interlocuteur. Elle peut être utilisée de la même manière que ～たら いいですか présenté dans la leçon 26.

⑪ 本を 借りたいんですが、どう すれば いいですか。
　　Je voudrais emprunter des livres. Comment devrais-je faire?

⑫ 本を 借りたいんですが、どう したら いいですか。
　　Je voudrais emprunter des livres. Comment devrais-je faire? (L.26)

### 4. N なら、～

N なら、～ s'emploie également lorsque le locuteur reprend ce qu'une personne lui a dit et lui donne une information à propos de ce sujet.

⑬ 温泉に 行きたいんですが、どこが いいですか。
　……温泉なら、白馬が いいですよ。
　　J'aimerais aller dans une station thermale. Quelle station me conseillez-vous?
　…… Si vous allez dans une station thermale, je vous conseille Hakuba.

### 5. ～は ありませんか (phrase interrogative négative)

⑭ 2、3日 旅行を しようと 思って いるんですが、どこか いい 所は ありませんか。
　　Je pense partir me promener pour deux ou trois jours. Connaissez-vous un endroit sympa?

La tournure いい ところは ありませんか de ⑭ a la même signification que いい ところは ありますか, mais la première tournure est plus polie car la forme de la question ありませんか facilite la réponse négative de l'interlocuteur. Ainsi, en général, il est plus poli de demander avec la forme interrogative négative qu'avec la forme interrogative affirmative. Pour répondre, on utilise les formes はい、あります ou いいえ、ありません.

# Leçon 36

## I. Vocabulaire

| | | |
|---|---|---|
| あいますI | | avoir [un accident] |
| 　[じこに〜] | ［事故に〜］ | |
| ちょきんしますIII | 貯金します | épargner, faire des économies |
| すぎますII | 過ぎます | [7 heures] passées |
| 　[7じを〜] | ［7時を〜］ | |
| なれますII | 慣れます | s'habituer, se familiariser [avec le travail] |
| 　[しごとに〜] | ［仕事に〜］ | |
| くさりますI | 腐ります | [la nourriture] pourrir |
| 　[たべものが〜] | ［食べ物が〜］ | |
| | | |
| けんどう | 剣道 | kendo (escrime à la japonaise) |
| じゅうどう* | 柔道 | judo |
| | | |
| ラッシュ | | ruée, rush |
| うちゅう | 宇宙 | univers, espace |
| きょく | 曲 | morceau, pièce |
| | | |
| まいしゅう | 毎週 | toutes les semaines |
| まいつき* | 毎月 | tous les mois |
| まいとし* | 毎年 | tous les ans |
| 　（まいねん） | | |
| | | |
| このごろ | | ces derniers temps |
| | | |
| やっと | | enfin |
| かなり | | assez, pas mal, considérablement |
| かならず | 必ず | sans faute, à tout prix |
| ぜったいに | 絶対に | absolument |
| じょうずに | 上手に | bien, habilement |
| できるだけ | | autant que possible |
| ほとんど | | presque, quasiment (dans une phrase affirmative), ne... guère, peu (dans une phrase négative) |
| | | |
| ※ショパン | | Chopin, musicien polonais（1810-1849） |

## 〈会話〉

| | |
|---|---|
| お客様 | invité, client, visiteur（terme de respect équivalent à おきゃくさん） |
| 特別[な] | particulier, spécial |
| して いらっしゃいます | faire（terme de respect équivalent à して います） |
| 水泳 | natation |
| 違います I | être différent, varier |
| 使って いらっしゃるんですね。 | Vous l'utilisez, n'est-ce pas?（terme de respect équivalent à つかって いるんですね） |
| チャレンジします III | se lancer le défit |
| 気持ち | esprit, sentiment |

## 〈読み物〉

| | |
|---|---|
| 乗り物 | véhicule, moyen de transport |
| 一世紀 | −ème siècle |
| 遠く | loin, endroit lointain |
| 珍しい | rare, peu commun |
| 汽車 | locomotive |
| 汽船 | bateau à vapeur |
| 大勢の 〜 | beaucoup de（personnes） |
| 運びます I | transporter, porter |
| 利用します III | utiliser |
| 自由に | librement, en toute liberté |

## II. Traduction

**Structures-clés**
1. Je m'entraîne tous les jours pour pouvoir nager vite.
2. J'ai enfin réussi à monter à vélo.
3. J'essaie de tenir mon journal intime tous les jours.

**Phrases-type**
1. Est-ce que c'est un dictionnaire électronique?
   ……Oui, je le garde sur moi pour pouvoir le consulter dès qu'il y a des mots que je ne connais pas.
2. Quelle est la signification des cercles rouges dans le calendrier?
   ……Ce sont les jours de ramassage des ordures. Je les ai marqués pour ne pas les oublier.
3. Vous êtes-vous habitué à la nourriture japonaise?
   ……Oui. Je n'arrivais pas à manger les plats japonais au début, mais maintenant je peux tout manger.
4. Est-ce que vous en êtes arrivé à pouvoir jouer du Chopin?
   ……Non, pas encore. J'aimerais vite arriver à jouer du Chopin.
5. La nouvelle route est finie, n'est-ce pas?
   ……Oui. Cela nous permet maintenant de rentrer dans la ville natale de mon mari en quatre heures.
6. Vous ne mangez pas de sucrerie?
   ……Non. J'essaie de ne pas en manger autant que possible.
7. L'examen commence à neuf heures. Assurez-vous de ne pas être en retard.
   Si vous arrivez en retard, vous ne serez pas être autorisé à entrer.
   ……D'accord.

**Conversation**

J'essaie de faire du sport tous les jours.

| | |
|---|---|
| Présentateur: | Mesdames, Mesdemoiselles, Messieurs, bonjour. Notre invitée d'aujourd'hui est Mme Yone Ogawa, qui a quatre-vingts ans cette année. |
| Yone Ogawa: | Bonjour. |
| Présentateur: | Vous avez l'air en forme. Faites-vous quelque chose de particulier pour garder la forme? |
| Yone Ogawa: | J'essaie de faire du sport tous les jours. |
| Présentateur: | Quel genre de sport faites-vous? |
| Yone Ogawa: | De la danse, de la natation, par exemple. Récemment, je suis arrivée à nager 500 mètres. |
| Présentateur: | C'est formidable. Et au niveau de la nourriture? |
| Yone Ogawa: | Je mange de tout mais j'aime particulièrement le poisson. J'essaie de préparer des plats différents tous les jours. |
| Présentateur: | Vous faites travailler beaucoup votre tête et votre corps, n'est-ce pas? |
| Yone Ogawa: | Oui. Je veux bien aller en France l'année prochaine. C'est pourquoi j'ai aussi commencé à étudier le français. |
| Présentateur: | Il est important d'avoir l'esprit de challenge pour toutes les choses, n'est-ce pas? Merci beaucoup d'avoir été avec nous. Nous avons passé un bon moment. |

# III. Vocabulaire de référence & informations

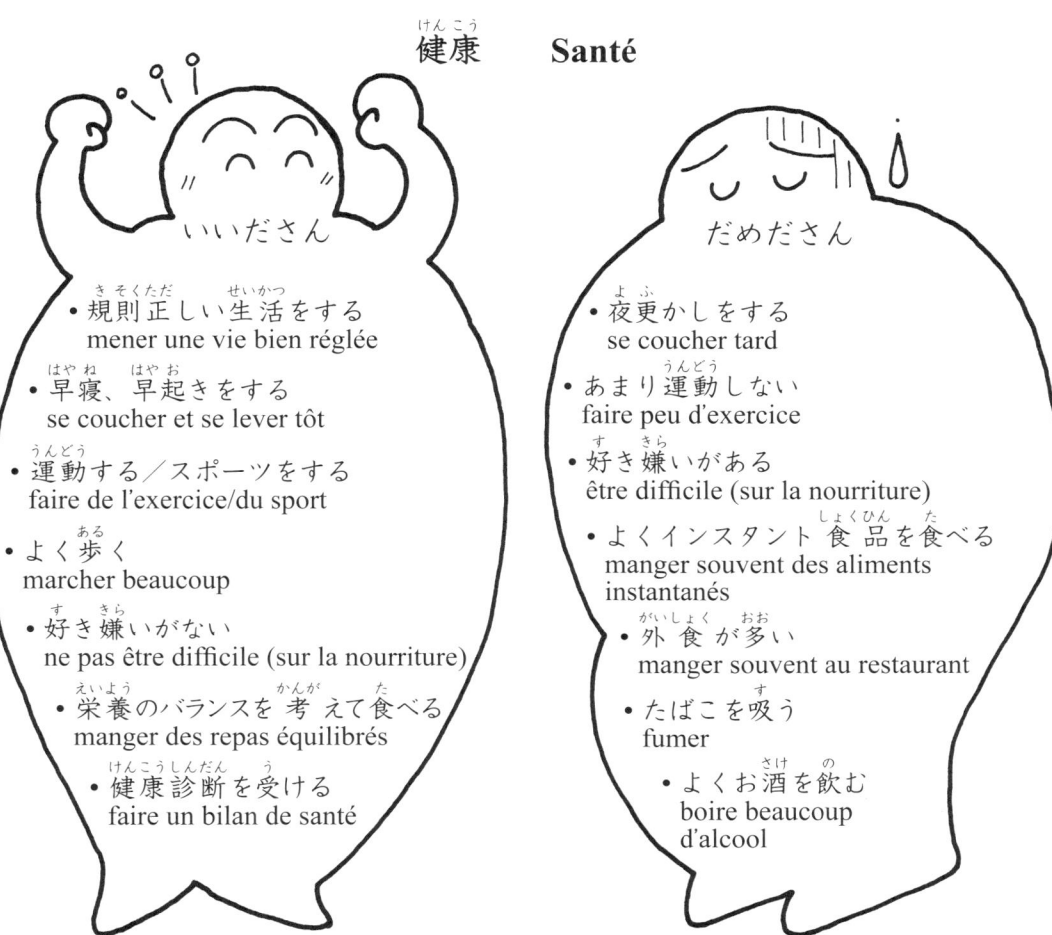

## 健康(けんこう) Santé

**いいださん**
- 規則(きそく)正(ただ)しい生活(せいかつ)をする
  mener une vie bien réglée
- 早寝(はやね)、早起(はやお)きをする
  se coucher et se lever tôt
- 運動(うんどう)する／スポーツをする
  faire de l'exercice/du sport
- よく歩(ある)く
  marcher beaucoup
- 好(す)き嫌(きら)いがない
  ne pas être difficile (sur la nourriture)
- 栄養(えいよう)のバランスを考(かんが)えて食(た)べる
  manger des repas équilibrés
- 健康診断(けんこうしんだん)を受(う)ける
  faire un bilan de santé

**だめださん**
- 夜更(よふ)かしをする
  se coucher tard
- あまり運動(うんどう)しない
  faire peu d'exercice
- 好(す)き嫌(きら)いがある
  être difficile (sur la nourriture)
- よくインスタント食品(しょくひん)を食(た)べる
  manger souvent des aliments instantanés
- 外食(がいしょく)が多(おお)い
  manger souvent au restaurant
- たばこを吸(す)う
  fumer
- よくお酒(さけ)を飲(の)む
  boire beaucoup d'alcool

### 5つ(いつ)の大切(たいせつ)な栄養素(えいようそ)とそれを含(ふく)む食(た)べ物(もの)
Cinq éléments nutritifs importants et les aliments les contenant

- 炭水化物(たんすいかぶつ) hydrates de carbone
- いも pommes de terre
- のり algue *nori*
- カルシウム calcium
- 海草(かいそう) algues
- とうふ *tofu*
- たんぱく質(しつ) protéines
- 豆(まめ) légumes secs
- 脂肪(しぼう) graisses et huiles
- ビタミン vitamines

## IV. Explications grammaticales

**1.** | V₁ en forme dictionnaire
       | V₁ ない -forme ない  } ように、V₂

Cette structure signifie que l'action dénotée par V₂ s'effectue en vue d'atteindre la situation exprimée par ～ように. Devant ように, on trouve soit la forme dictionnaire des verbes qui n'impliquent pas d'une volonté (ex. verbes potentiels, わかります, みえます, きこえます, なります, etc.) (ex. ①), soit la forme négative des verbes (ex. ②).

① 速く 泳げるように、毎日 練習して います。
   Je m'entraîne tous les jours pour pouvoir nager vite.

② 忘れないように、メモして ください。
   Prenez des notes pour ne pas oublier.

**2.** | V en forme dictionnaire ように なります |

1) なります indique un changement d'état. Lorsque les verbes potentiels, わかります ou みえます, etc. sont utilisés, V en forme dictionnaire ように なります indique qu'une situation avec quelque chose d'impossible à effectuer se transforme vers une nouvelle situation dans laquelle cette chose est devenue possible.

③ 毎日 練習すれば、泳げるように なります。
   Si vous vous entraînez tous les jours, vous arriverez à pouvoir nager.

④ やっと 自転車に 乗れるように なりました。
   J'ai enfin réussi à monter à vélo.

2) Pour répondre négativement avec いいえ à la question ～ように なりましたか, l'expression suivante est utilisée.

⑤ ショパンの 曲が 弾けるように なりましたか。
   ……いいえ、まだ 弾けません。
   Êtes-vous arrivé à pouvoir jouer du Chopin?
   …… Non, pas encore.

[Note] Outre les verbes potentiels, わかります et みえます, les verbes qui sont utilisés dans la structure de phrase 2 traduisent l'idée qu'une habitude qui n'existait pas avant a été prise (ex. ⑥). Cette fonction n'est pas abordée dans le livre principal.

⑥ 日本人は 100年ぐらいまえから 牛肉や 豚肉を 食べるように なりました。
   Les Japonais ont pris l'habitude de manger du bœuf et du porc il y a environ cent ans.

**3.** | V en forme dictionnaire
       | V ない -forme ない          } ように します

1) 〜ように して います

   Cette structure est utilisée quand on tente d'adopter un comportement de manière habituelle.

   ⑦ 毎日 運動して、何でも 食べるように して います。
   Je tente de faire du sport tous les jours et de manger de tout.

   ⑧ 歯に 悪いですから、甘い 物を 食べないように して います。
   J'essaie de ne pas manger de sucreries car c'est mauvais pour les dents.

2) 〜ように して ください

   Cette expression s'emploie lorsque l'on demande à quelqu'un de tâcher de suivre un certain comportement. Comparée à l'expression de requête directe 〜て／〜ないで ください, l'expression 〜ように して ください est plus polie car elle est indirecte. Voici des exemples d'emploi.

   ⑨ もっと 野菜を 食べるように して ください。
   Essayez de manger plus de légumes.

   ⑩ 絶対に パスポートを なくさないように して ください。
   Faites très attention à ne pas perdre votre passeport.

   [Note] 〜ように して ください ne peut pas être utilisé pour une requête portant sur une action immédiate.

   ⑪ すみませんが、塩を 取って ください。
   Excusez-moi, pouvez-vous me passer du sel?

   ×すみませんが、塩を 取るように して ください。

**4.** 早い→早く   上手な→上手に

Lorsqu'un adjectif qualifie un autre adjectif ou un verbe, い -adjectif prend la forme 〜く et な -adjectif prend la forme 〜に.

⑫ 早く 上手に お茶が たてられるように なりたいです。
Je voudrais apprendre rapidement à bien préparer le thé pendant la cérémonie du thé.

# Leçon 37

## I. Vocabulaire

| | | |
|---|---|---|
| ほめますⅡ | 褒めます | féliciter, faire l'éloge |
| しかりますⅠ | | gronder, réprimander |
| さそいますⅠ | 誘います | inviter qqn. à faire qqch./proposer à qqn. de faire qqch. ensemble |
| しょうたいしますⅢ | 招待します | inviter |
| たのみますⅠ | 頼みます | demander, confier |
| ちゅういしますⅢ | 注意します | faire une remarque, donner un conseil |
| とりますⅠ | | voler, dérober |
| ふみますⅠ | 踏みます | marcher sur |
| こわしますⅠ | 壊します | casser, détruire |
| よごしますⅠ | 汚します | salir |
| おこないますⅠ | 行います | tenir, effectuer, célébrer, pratiquer |
| ゆしゅつしますⅢ | 輸出します | exporter |
| ゆにゅうしますⅢ | 輸入します | importer |
| ほんやくしますⅢ | 翻訳します | traduire |
| はつめいしますⅢ | 発明します | inventer |
| はっけんしますⅢ | 発見します | découvrir |
| こめ* | 米 | riz |
| むぎ | 麦 | orge, blé |
| せきゆ | 石油 | pétrole |
| げんりょう | 原料 | matière première |
| インスタントラーメン | | nouille instantanée |
| デート | | rendez-vous |
| どろぼう | 泥棒 | voleur |
| けいかん | 警官 | agent de police |
| せかいじゅう | 世界中 | le monde entier |
| ～じゅう | ～中 | ～ entier, tout le ～ |
| －せいき | －世紀 | －ème siècle |
| なにご | 何語 | quelle langue |
| だれか | | quelqu'un |
| よかったですね。 | | C'est bien./Tant mieux./Je suis content pour vous. |
| ※オリンピック | | jeux Olympiques |
| ※ワールドカップ | | Coupe du monde |
| ※東大寺 (とうだいじ) | | temple Todai-ji |
| ※大仏 (だいぶつ) | | Grand Bouddha |
| ※江戸時代 (えどじだい) | | époque Edo (1603-1868) |

| | |
|---|---|
| ※ポルトガル | Portugal |
| ※サウジアラビア | Arabie Saoudite |
| ※ロシア | Russie |

**〈会話〉**

| | |
|---|---|
| 皆様 | Mesdames, Messieurs/tout le monde（terme de respect équivalent à みなさん） |
| 焼けますⅡ［うちが〜］ | [une maison] brûler |
| その後 | plus tard, par la suite, après cela |
| 世界遺産 | patrimoine mondial |
| 〜の 一つ | un des 〜 |
| 金色 | couleur dorée |
| 本物 | objet véritable, authentique |
| 金 | or |
| ーキロ | − kilogramme(s), − kilomètre(s) |
| 美しい | beau, magnifique |

**〈読み物〉**

| | |
|---|---|
| 豪華［な］ | splendide, luxueux, somptueux |
| 彫刻 | sculpture, gravure |
| 言い伝え | légende, tradition |
| 眠りますⅠ | dormir |
| 彫りますⅠ | sculpter, graver |
| 仲間 | camarade, collègue, ami |
| しかし | mais, cependant |
| その あと | après cela, par la suite, plus tard |
| 一生懸命 | de toutes ses forces, avec zèle |
| ねずみ | souris |
| 一匹も いません。 | Il n'y a pas une (souris). |
| ※東照宮 | temple shinto dédié à Tokugawa Ieyasu, situé à Nikko dans la préfecture de Tochigi |
| ※眠り猫 | Le chat qui dort (nom d'une sculpture sur bois) |
| ※左甚五郎 | sculpteur célèbre de l'époque Edo (1594-1651) |

## II. Traduction

**Structures-clés**
1. Quand j'étais enfant, j'étais souvent grondé par ma mère.
2. On m'a marché sur le pied dans le train à une heure de pointe.
3. Le temple Horyu-ji fut construit en 607.

**Phrases-type**
1. Ce matin, j'ai été convoqué par le directeur.
   ……Y avait-il quelque chose?
   Il m'a fait des remarques sur ma façon d'écrire mon rapport de voyage d'affaires.
2. Qu'est-ce qui se passe?
   ……Quelqu'un a emporté mon parapluie par erreur.
3. On a encore découvert une nouvelle étoile.
   ……C'est vrai?
4. Où est-ce que le congrès mondial des enfants aura lieu cette année?
   ……Il se tiendra à Hiroshima.
5. La bière est faite à base d'orge. Voici de l'orge, matière première de la bière.
   ……Ah, c'est donc cela qui sera transformé en bière, n'est-ce pas?
6. Quelle langue utilise-t-on au Brésil?
   ……On utilise le portugais.

**Conversation**

### Le temple Kinkaku-ji a été construit au 14ème siècle

Guide: Mesdames, Messieurs. Ce que vous voyez là-bas est le fameux pavillon d'or, Kinkaku-ji.
Il a été construit au 14ème siècle.
Il a été détruit dans un incendie en 1950, mais plus tard, il a été reconstruit et a été classé au Patrimoine Mondial en 1994. C'est un des temples les plus populaires à Kyoto.

Karina: Il est beau. Les murs sont dorés, c'est du vrai or?
Guide: Oui. Environ vingt kilogrammes d'or ont été utilisés.
Karina: Vraiment? Est-ce qu'on peut entrer à l'intérieur?
Guide: Non, on ne peut pas y entrer.
On peut le contempler en faisant le tour de l'étang.
………………………………………………
Karina: Les érables sont magnifiques.
Guide: Oui. On dit que Kinkaku-ji est particulièrement splendide aux saisons où les feuilles de l'érable deviennent rouges et quand il neige.

## III. Vocabulaire de référence & informations

## 事故・事件　Accidents & Incidents

| | | | |
|---|---|---|---|
| 殺す tuer | 撃つ tirer (sur quelqu'un) | 刺す poignarder | かむ mordre |
| ひく écraser | はねる renverser | 衝突する heurter | 追突する heurter l'arrière d'une voiture |
| 盗む voler | 誘拐する enlever, kidnapper | ハイジャックする détourner (un avion en vol) | |
| 墜落する tomber, s'écraser | 運ぶ transporter | 助ける secourir, sauver | |
| | 爆発する exploser | 沈没する sombrer, couler | |

## IV. Explications grammaticales

### 1. Verbes passifs

|   |   | Verbes passifs |   |
|---|---|---|---|
|   |   | forme polie | forme neutre |
| I | かきます | かかれます | かかれる |
| II | ほめます | ほめられます | ほめられる |
| III | きます | こられます | こられる |
|   | します | されます | される |

(Voir Livre principal L.37 Exercice A1)

Les verbes passifs sont conjugués comme les verbes du groupe II.
Ex. かかれます  かかれる  かかれ(ない)  かかれて

### 2. $N_1$(personne$_1$) は $N_2$(personne$_2$) に V passif

Cette structure de phrase s'emploie pour décrire l'action réalisée par la personne$_2$ envers la personne$_1$, du point de vue de la personne qui subit cette action (personne$_1$).
La personne$_1$ est traitée comme le thème de la phrase et celui qui fait l'action (personne$_2$) est exprimé avec l'ajout de la particule に.

先生が わたしを 褒めました。   Le professeur m'a félicité.
① わたしは 先生に 褒められました。   J'ai été félicité par le professeur.
母が わたしに 買い物を 頼みました。
Ma mère m'a demandé de faire des courses.
② わたしは 母に 買い物を 頼まれました。
J'ai été chargé par ma mère de faire des courses.

L'agent de l'action, qui est une entité mobile, peut ne pas être un être humain mais peut être un animal ou une voiture par exemple.

③ わたしは 犬に かまれました。   J'ai été mordu par un chien.

### 3. $N_1$(personne$_1$) は $N_2$(personne$_2$) に $N_3$ を V passif

Cette structure indique que la personne$_2$ fait une action sur quelque chose ($N_3$) qui appartient à la personne$_1$, et qu'en général la personne$_1$ (propriétaire) considère cette action comme gênante.

弟が わたしの パソコンを 壊しました。
Mon petit frère a cassé mon ordinateur.
④ わたしは 弟に パソコンを 壊されました。
J'ai mon ordinateur qui a été cassé par mon petit frère.

L'agent de l'action, qui est une entité mobile, peut ne pas être un être humain mais peut être un animal ou une voiture par exemple.

⑤ わたしは 犬に 手を かまれました。
Je me suis fait mordre la main par un chien.

[Note 1] C'est la personne qui considère l'action subie comme gênante (propriétaire) qui est pris comme thème de la phrase et non pas la chose qui lui appartient. Par exemple, la phrase ④ ne peut pas être formulée de la manière suivante: わたしの パソコンは おとうとに こわされました．

[Note 2] Dans la plupart des cas, cette structure de phrase montre la gêne de la personne qui subit l'action. Il faut donc l'utiliser avec précaution. Si la personne reçoit une action bénéfique et qu'elle est reconnaissante, la structure 〜て もらいます sera utilisée.

×わたしは 友達に 自転車を 修理されました。
⑥ わたしは 友達に 自転車を 修理して もらいました。
　　Mon ami m'a réparé la bicyclette.

### 4. N(objet/chose) が／は V passif

Lorsqu'il n'est pas nécessaire d'expliciter la personne qui fait l'action, on peut utiliser le verbe au passif en mettant l'objet ou la chose comme sujet ou thème de la phrase.

⑦ 大阪で 展覧会が 開かれました。
　　Une exposition a eu lieu à Osaka.
⑧ 電話は 19世紀に 発明されました。
　　Le téléphone a été inventé au 19ème siècle.
⑨ この 本は 世界中で 読まれて います。
　　Ce livre est lu dans le monde entier.

### 5. N から／N で つくります

Pour décrire la fabrication de quelque chose, la matière première est indiquée par から et les matériaux par で．

⑩ ビールは 麦から 造られます。　La bière est faite à base d'orge.
⑪ 昔 日本の 家は 木で 造られました。
　　Autrefois, les maisons japonaises étaient fabriquées en bois.

### 6. N₁ の N₂

⑫ ビールは 麦から 造られます。　La bière est faite à base d'orge.
　　これが 原料の 麦です。　　Voici de l'orge, la matière première de la bière.

Dans la structure げんりょうの むぎ de ⑫, la relation entre les deux noms est la suivante: l'orge est une matière première. Cet emploi se trouve dans d'autres exemples tels que ペットの いぬ (L.39) ou むすこの ハンス (L.43).

### 7. この／その／あの N(emplacement)

Lorsqu'un démonstratif tel que この, その ou あの est attaché à un nom qui indique un emplacement tel que うえ, した, なか, となり ou ちかく, cette structure indique la relation entre l'emplacement et le nom référé par le démonstratif.

⑬ あの 中に 入れますか。　　Peut-on entrer là-dedans?
あの なか de l'exemple ⑬ signifie あの たてものの なか (dans le bâtiment là-bas).

# Leçon 38

## I. Vocabulaire

| | | |
|---|---|---|
| さんかします Ⅲ [りょこうに〜] | 参加します [旅行に〜] | participer [à un voyage] |
| そだてます Ⅱ | 育てます | élever, cultiver, nourrir |
| はこびます Ⅰ | 運びます | transporter, porter |
| にゅういんします Ⅲ | 入院します | entrer à l'hôpital, être hospitalisé |
| たいいんします Ⅲ | 退院します | sortir de l'hôpital |
| いれます Ⅱ* [でんげんを〜] | 入れます [電源を〜] | mettre [le courant], établir [le contact] |
| きります Ⅰ [でんげんを〜] | 切ります [電源を〜] | couper [le courant/contact] |
| かけます Ⅱ [かぎを〜] | 掛けます | fermer [à clé] |
| つきます Ⅰ [うそを〜] | | mentir, dire [un mensonge] |
| きもちが いい | 気持ちが いい | agréable, plaisant |
| きもちが わるい* | 気持ちが 悪い | désagréable, déplaisant |
| おおきな 〜 | 大きな 〜 | grand 〜 |
| ちいさな 〜 | 小さな 〜 | petit 〜 |
| あかちゃん | 赤ちゃん | bébé |
| しょうがっこう | 小学校 | école primaire |
| ちゅうがっこう* | 中学校 | collège |
| えきまえ | 駅前 | zone en face de la gare |
| かいがん | 海岸 | bord de la mer, plage |
| こうじょう | 工場 | usine |
| むら | 村 | village |
| かな | | kana (hiragana et katakana) |
| ゆびわ | 指輪 | bague |
| でんげん | 電源 | prise électrique, contact |
| しゅうかん | 習慣 | habitude |
| けんこう | 健康 | santé |
| 〜せい | 〜製 | fabriqué en/au 〜 (nom de pays) |
| おととし | | il y a deux ans |

| | |
|---|---|
| [あ、]いけない。 | [Ah] zut!/Oups! (expression utilisée quand on a commis une erreur, etc.) |
| おさきに [しつれいします]。 お先に [失礼します]。 | Excusez-moi (de partir avant vous)./ Je vous laisse. |
| ※原爆ドーム | dôme commémoratif de l'explosion de la bombe atomique à Hiroshima |
| ※出雲大社 | temple shinto situé dans la ville d'Izumo dans la préfecture de Shimane |
| ※チェンマイ | Chiang Mai (en Thaïlande) |

〈会話〉

| | |
|---|---|
| 回覧 | circulaire |
| 研究室 | bureau de professeur, laboratoire de recherche |
| きちんと | bien, correctement |
| 整理しますⅢ | ranger, mettre en ordre |
| 方法 | méthode |
| 〜と いう | intitulé 〜, appelé 〜 |
| 一冊 | (auxiliaire numéral pour compter des livres, etc.) |
| はんこ | sceau |
| 押しますⅠ［はんこを〜］ | apposer [son sceau] |

〈読み物〉

| | |
|---|---|
| 双子 | jumeaux |
| 姉妹 | sœurs |
| 5年生 | 5ème année (de l'école primaire) |
| 似て いますⅡ | ressembler à, se ressembler |
| 性格 | caractère |
| おとなしい | calme, sage, docile |
| 優しい | gentil, doux |
| 世話を しますⅢ | s'occuper de qqn. |
| 時間が たちますⅠ | le temps passer, s'écouler |
| 大好き［な］ | aimer beaucoup, adorer |
| 一点 | − point(s) |
| 気が 強い | avoir un fort caractère |
| けんかしますⅢ | se quereller, se disputer, se bagarrer |
| 不思議［な］ | mystérieux, étrange, curieux |
| 年齢 | âge |
| しかた | manière (de faire qqch.) |

## II. Traduction

### Structures-clés
1. Il est agréable de peindre.
2. J'aime regarder les étoiles.
3. J'ai oublié d'apporter mon portefeuille.
4. C'est en mars dernier que je suis arrivé au Japon.

### Phrases-type
1. Tenez-vous toujours votre journal?
    ……Non, je l'ai abandonné au bout de trois jours.
        C'est facile de le commencer, mais difficile de le continuer.
2. Quel joli jardin!
    ……Merci beaucoup. Mon mari est doué pour cultiver les fleurs.
3. Comment trouvez-vous Tokyo?
    ……Il y a beaucoup de monde. Et, tout le monde marche vite.
4. Ah zut!
    ……Qu'est-ce qu'il y a?
    J'ai oublié de fermer la fenêtre de la voiture.
5. Savez-vous que Mme Miyazaki a eu un bébé?
    ……Non, je ne le savais pas. Quand?
    Il y a à peu près un mois.
6. Vous souvenez-vous de la personne dont vous êtes tombé amoureux pour la première fois?
    ……Oui. Je l'ai vue pour la première fois dans la classe à l'école primaire.
        C'était mon professeur de musique.

### Conversation
#### J'aime ranger.

Employée de l'université: Professeur Watt, voici la circulaire.
Watt: Oh, merci. Posez-la là-bas, s'il vous plaît.
Employée de l'université: Votre bureau est toujours bien ordonné.
Watt: C'est parce que j'aime ranger.
Employée de l'université: Les livres sont bien rangés, aussi.
Vous êtes doué pour ranger, n'est-ce pas?
Watt: J'ai écrit autrefois un livre intitulé «Comment bien ranger ses affaires».
Employée de l'université: Ah oui? C'est formidable.
Watt: Mais il ne s'est pas bien vendu...
Est-ce que cela vous dirait que je vous en apporte un exemplaire?
……………………………………………………
Employée de l'université: Bonjour.
Watt: Oh, j'ai oublié d'apporter le livre. Je suis désolé.
Employée de l'université: Ce n'est pas grave. Mais n'oubliez pas de tamponner la circulaire. Elle n'était pas tamponnée le mois dernier non plus.

# III. Vocabulaire de référence & informations

## 位置（いち）　Emplacement

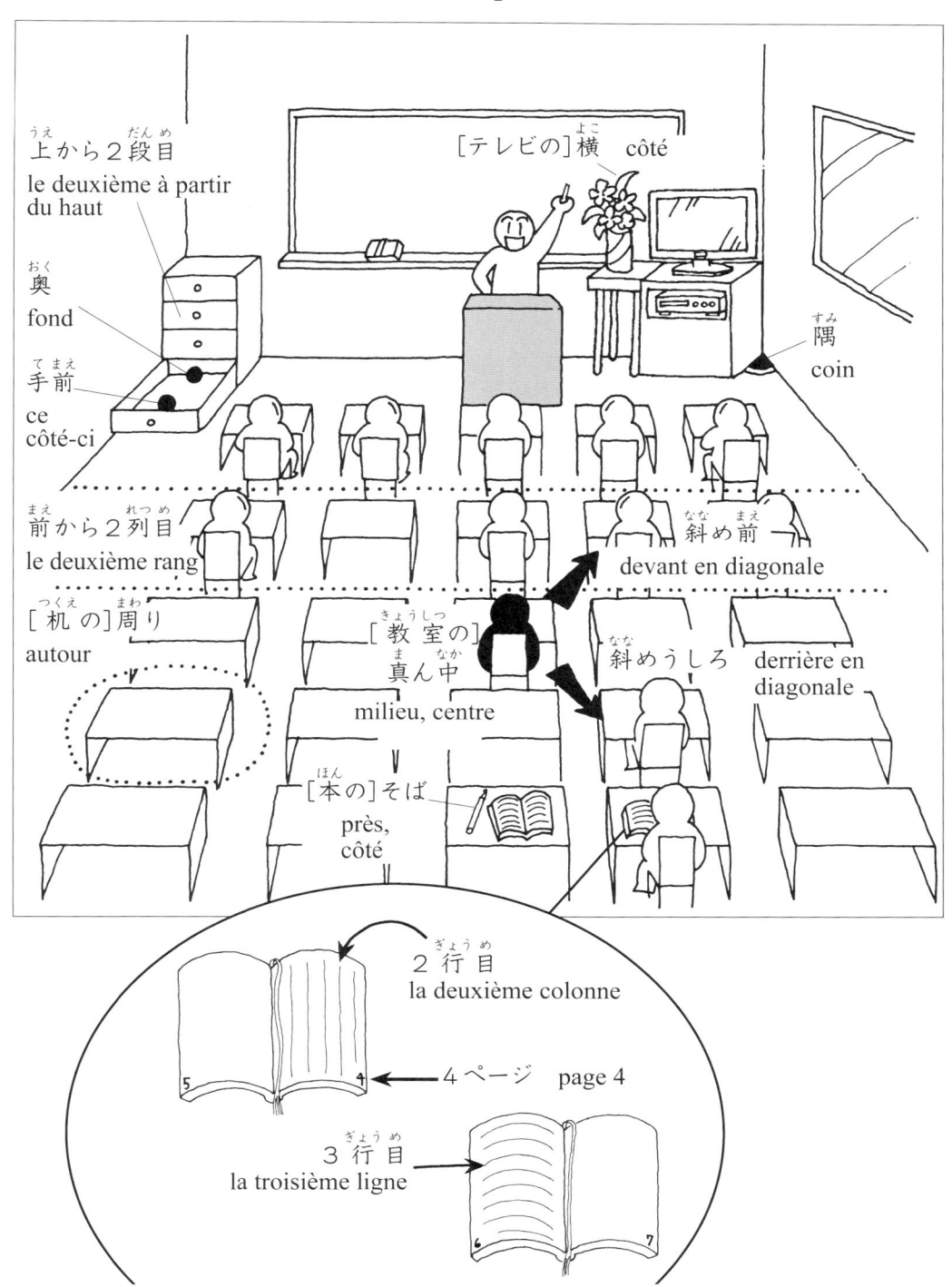

- 上（うえ）から2段目（だんめ） — le deuxième à partir du haut
- 奥（おく） — fond
- 手前（てまえ） — ce côté-ci
- ［テレビの］横（よこ） — côté
- 隅（すみ） — coin
- 前（まえ）から2列目（れつめ） — le deuxième rang
- 斜（なな）め前（まえ） — devant en diagonale
- ［机（つくえ）の］周（まわ）り — autour
- ［教室（きょうしつ）の］真（ま）ん中（なか） — milieu, centre
- 斜（なな）めうしろ — derrière en diagonale
- ［本（ほん）の］そば — près, côté
- 2行目（ぎょうめ） — la deuxième colonne
- 4ページ — page 4
- 3行目（ぎょうめ） — la troisième ligne

38

## IV. Explications grammaticales

### 1. の de nominalisation

の a une fonction de nominalisation pour diverses expressions. Le verbe, l'adjectif et le nom auxquels の est attaché sont mis à la forme neutre et non à la forme polie. Les expressions nominalisées constituent différents éléments dans une phrase, comme l'illustrent les phrases suivantes.

### 2. ボックス: V en forme dictionnaire のは adj です

① テニスは おもしろいです。　　　　　　Le tennis est intéressant.
② テニスを するのは おもしろいです。　Faire du tennis est intéressant.
③ テニスを 見るのは おもしろいです。　Regarder du tennis est intéressant.

Dans cette structure, V en forme dictionnaire の est mis en relief par は et fonctionne comme le thème de la phrase. Les adjectifs tels que むずかしい, やさしい, おもしろい, たのしい, たいへん[な], etc. peuvent être utilisés dans cette structure.

À la différence de la phrase sans の comme ①, les phrases avec の comme ② et ③ décrivent concrètement qu'il est intéressant de «faire du tennis» ou de «regarder du tennis».

### 3. ボックス: V en forme dictionnaire のが adj です

④ わたしは 花が 好きです。　　　　　　　J'aime les fleurs.
⑤ わたしは 花を 育てるのが 好きです。　J'aime cultiver des fleurs.
⑥ 東京の 人は 歩くのが 速いです。　　　Les gens de Tokyo marchent vite.

Dans cette structure, V en forme dictionnaire の est l'objet de l'adjectif. Les adjectifs qui indiquent la préférence, la compétence et la capacité tels que すき[な], きらい[な], じょうず[な], へた[な], はやい et おそい, etc. s'emploient souvent dans cette structure de phrase.

### 4. ボックス: V en forme dictionnaire のを 忘れました　　avoir oublié de faire...

⑦ かぎを 忘れました。　　　　　　　　　　J'ai oublié mes clés.
⑧ 牛乳を 買うのを 忘れました。　　　　　J'ai oublié d'acheter du lait.
⑨ 車の 窓を 閉めるのを 忘れました。　　J'ai oublié de fermer la fenêtre de la voiture.

Ces exemples illustrent les cas dans lesquels V en forme dictionnaire の est utilisé comme complément d'objet marqué par を. Ce complément d'objet explique concrètement ce que le locuteur a oublié.

**5.** | **V forme neutre のを 知って いますか** | Savez-vous que...?

Ces exemples illustrent les cas dans lesquels V forme neutre の est utilisé comme un complément d'objet marqué par を. Cette structure s'emploie pour demander si l'interlocuteur connaît ou non quelque chose de concret.

⑩　鈴木さんが 来月 結婚するのを 知って いますか。

　　Savez-vous que M. Suzuki va se marier le mois prochain?

[Note] Différence entre しりません et しりませんでした.

⑪　木村さんに 赤ちゃんが 生まれたのを 知って いますか。

　　……いいえ、知りませんでした。

　　Savez-vous que Mme Kimura a eu un bébé?

　　…… Non, je ne le savais pas.

⑫　ミラーさんの 住所を 知って いますか。

　　……いいえ、知りません。

　　Connaissez-vous l'adresse de M. Miller?

　　…… Non, je ne la connais pas.

Dans l'exemple ⑪, l'interlocuteur répond しりませんでした car il n'avait pas d'information sur la naissance du bébé et l'a obtenue à travers la question. Tandis que dans l'exemple ⑫, on répond しりません car l'interlocuteur n'a pas obtenu l'information, ni avant ni après la question.

**6.** | V　　　　　　forme neutre<br>い-adj　　　　forme neutre<br>な-adj　　　　～だ→～な<br>N₁ | のは N₂ です

Cette structure de phrase s'emploie pour mettre l'accent sur N₂.

⑬　初めて 会ったのは いつですか。

　　……3年まえです。

　　Quand est-ce que vous vous êtes rencontrés pour la première fois?

　　…… C'était il y a trois ans.

Dans l'exemple ⑬, le locuteur met l'accent sur la question de savoir quand est-ce qu'ils se sont rencontrés la première fois.

Cette structure de phrase s'emploie fréquemment pour rectifier ce que l'interlocuteur vient de dire comme dans l'exemple ⑭.

⑭　バンコクで 生まれたんですか。

　　……いいえ、生まれたのは チェンマイです。

　　Êtes-vous né à Bangkok?

　　…… Non, je suis né à Chiang Mai.

Le sujet de la phrase qui précède ～のは est marqué par が, et non par は.

⑮　父が 生まれたのは 北海道の 小さな 村です。

　　L'endroit où est né mon père est un petit village de Hokkaido.

# Leçon 39

## I. Vocabulaire

| | | |
|---|---|---|
| こたえますⅡ<br>　[しつもんに〜] | 答えます<br>　[質問に〜] | répondre [à une question] |
| たおれますⅡ<br>　[ビルが〜] | 倒れます | [un immeuble] s'écrouler |
| とおりますⅠ<br>　[みちを〜] | 通ります<br>　[道を〜] | passer [dans la rue] |
| しにますⅠ | 死にます | mourir |
| びっくりしますⅢ | | être étonné, être surpris |
| がっかりしますⅢ | | être déçu |
| あんしんしますⅢ | 安心します | être rassuré |
| けんかしますⅢ | | se quereller, se disputer, se bagarrer |
| りこんしますⅢ | 離婚します | divorcer |
| ふとりますⅠ | 太ります | grossir |
| やせますⅡ* | | maigrir |
| ふくざつ[な] | 複雑[な] | complexe |
| じゃま[な] | 邪魔[な] | gênant, encombrant |
| かたい | 硬い | dur, rigide, solide |
| やわらかい* | 軟らかい | tendre, mou, moelleux, doux |
| きたない | 汚い | sale |
| うれしい | | content |
| かなしい | 悲しい | triste |
| はずかしい | 恥ずかしい | honteux, gêné, confus |
| しゅしょう | 首相 | Premier ministre |
| じしん | 地震 | tremblement de terre, séisme |
| つなみ | 津波 | raz de marée, tsunami |
| たいふう | 台風 | typhon |
| かみなり | 雷 | tonnerre, foudre, éclair |
| かじ | 火事 | incendie |
| じこ | 事故 | accident |
| ハイキング | | randonnée, excursion |
| [お]みあい | [お]見合い | (rendez-vous arrangé en vue d'un mariage éventuel) |
| そうさ | 操作 | manipulation, manœuvre（〜します: manipuler, manœuvrer） |
| かいじょう | 会場 | salle, lieu de réunion, de manifestation, etc. |
| 〜だい | 〜代 | frais de 〜 |
| 〜や | 〜屋 | -er, -ère, etc. (commerçant, ex. boulanger) |

| | | |
|---|---|---|
| フロント | | réception |
| －ごうしつ | －号室 | chambre n° － |
| タオル | | serviette |
| せっけん | | savon |
| おおぜい | 大勢 | beaucoup de monde, beaucoup de personnes |
| おつかれさまでした。 | お疲れさまでした。 | Merci de la peine que vous vous êtes donnée.（expression utilisée envers des collègues ou des subalternes pour apprécier leur travail） |
| うかがいます。 | 伺います。 | Je viens./J'y vais.（terme de modestie équivalent à いきます） |

〈会話〉
| | |
|---|---|
| 途中で | en chemin, à mi-chemin |
| トラック | camion, poids lourd |
| ぶつかります I | （se) heurter, entrer en collision, percuter, cogner |

〈読み物〉
| | |
|---|---|
| 大人 | adulte |
| しかし | mais, cependant |
| また | et puis, en plus |
| 洋服 | vêtement occidental |
| 西洋化します III | s'occidentaliser |
| 合います I | convenir à, aller bien à |
| 今では | aujourd'hui, de nos jours, maintenant |
| 成人式 | cérémonie de la majorité |
| 伝統的[な] | traditionnel |

39

## II. Traduction

### Structures-clés
1. J'ai été étonné en écoutant les informations.
2. Des immeubles se sont écroulés à cause d'un tremblement de terre.
3. Comme je ne me sens pas bien, je vais à l'hôpital.

### Phrases-type
1. Comment s'est passé l'*Omiai*?
   ……Quand je l'ai vu sur la photo, je l'ai trouvé bien, mais j'ai été déçue en le voyant en personne.
2. Nous allons faire une randonnée tous ensemble samedi prochain. Ça vous dirait de venir avec nous?
   ……Je suis désolé. Je ne pourrai pas venir, j'ai un empêchement ce samedi.
3. Comment avez-vous trouvé le film d'hier?
   ……L'histoire était compliquée et je ne l'ai pas bien compris.
4. Je suis désolé d'être en retard.
   ……Qu'est-ce qui s'est passé?
   Le bus a eu un retard à cause d'un accident.
5. Si nous allions boire un verre ensemble?
   ……Je suis désolé. J'ai quelque chose à faire, je vous laisse. (litt. Je pars avant vous.)
   D'accord. Bonne soirée.
6. Je dors sur un futon ces derniers temps. Je trouve cela pratique.
   ……Qu'est-ce que vous avez fait de votre lit?
   Je l'ai donné à un ami, car ma chambre est petite et il prenait trop de place.

### Conversation

**Je suis désolé d'être en retard.**

| | |
|---|---|
| Miller: | Je suis désolé d'être en retard, Mme Nakamura. |
| Chef de service Nakamura: | Qu'est-ce qui s'est passé, M. Miller? |
| Miller: | En fait, il y a eu un accident en chemin et le bus a eu du retard. |
| Chef de service Nakamura: | S'agit-il d'un accident du bus? |
| Miller: | Non. Un camion et une voiture se sont heurtés au carrefour et le bus était bloqué. |
| Chef de service Nakamura: | Vous n'avez pas eu de chance. |
| | Comme nous n'avons pas eu de vos nouvelles, nous étions tous inquiets. |
| Miller: | Je voulais vous téléphoner, mais j'ai oublié mon portable à la maison... Je suis vraiment désolé. |
| Chef de service Nakamura: | Je comprends. |
| | Bon. Commençons la réunion. |

## III. Vocabulaire de référence & informations

### 気持ち (きもち) Sentiments

| | | | |
|---|---|---|---|
| うれしい<br>heureux, content | 楽(たの)しい<br>agréable, joyeux | 寂(さび)しい<br>solitude, se sentir seul | 悲(かな)しい<br>triste |
| おもしろい<br>amusant, intéressant | うらやましい<br>envieux | 恥(は)ずかしい<br>honteux, gêné | 懐(なつ)かしい<br>nostalgique |
| びっくりする<br>être surpris | がっかりする<br>être déçu | うっとりする<br>être extasié | |
| いらいらする<br>être énervé | どきどきする<br>avoir le cœur qui bat à la chamade | はらはらする<br>en retenant son souffle | わくわくする<br>être excité |

# IV. Explications grammaticales

**1.** ~て（で）、~

La structure de phrase ~て（で）、~ a été présentée dans les leçons 16 et 34. Dans cette leçon, nous allons aborder un autre emploi dans lequel la première partie (présentée par ~て（で）) indique la cause ou la raison, et la seconde partie indique la conséquence de la première partie. La seconde partie contient seulement une expression non-volitive ou une expression d'état.

1) 
```
V て -forme
V ない -forme なくて        }、 ~
い -adj（~い）→ ~くて
な -adj［な］ → で
```

La seconde partie contient essentiellement des expressions suivantes:

（1） Verbes et adjectifs exprimant le sentiment: びっくりします, あんしんします, こまります, さびしい, うれしい, ざんねん［な］, etc.

① ニュースを 聞いて、びっくりしました。
   J'ai été étonné en écoutant les nouvelles.

② 家族に 会えなくて、寂しいです。
   Je suis triste de ne pas pouvoir voir ma famille.

（2） Verbes et expressions indiquant la potentialité ou l'état:

③ 土曜日は 都合が 悪くて、行けません。
   J'ai un empêchement ce samedi, je ne pourrai pas y aller.

④ 話が 複雑で、よく わかりませんでした。
   L'histoire était compliquée, je ne l'ai pas bien comprise.

⑤ 事故が あって、バスが 遅れて しまいました。
   Il y a eu un accident et le bus a eu du retard.

⑥ 授業に 遅れて、先生に しかられました。
   J'ai été en retard au cours et je me suis fait gronder par mon professeur.

［Note］Quand la seconde partie contient des expressions volitives (intention, ordre, invitation, requête), ~から est utilisé.

⑦ 危ないですから、機械に 触らないで ください。
   Ne touchez pas aux machines, c'est dangereux.

   ×危なくて、機械に 触らないで ください。

2) N で

Les noms utilisés dans ce cas sont souvent ceux relatifs aux phénomènes naturels, aux incidents ou aux évènements, tels que じこ, じしん et かじ, etc.

⑧ 地震で ビルが 倒れました。
   Des immeubles se sont écroulés à cause du tremblement de terre.

⑨ 病気で 会社を 休みました。
   Je me suis absenté du bureau pour cause de maladie.

2. 
$$\left.\begin{array}{l}\text{V} \\ \text{い -adj}\end{array}\right\}\text{forme neutre} \\ \left.\begin{array}{l}\text{な -adj} \\ \text{N}\end{array}\right\}\begin{array}{l}\text{forme neutre} \\ \sim\text{だ}\rightarrow\sim\text{な}\end{array}\right\}\text{ので、}\sim$$

De même que l'expression 〜から étudiée dans la leçon 9, 〜ので indique également la cause et la raison. Étant donné que ので a un caractère inhérent pour indiquer le rapport de cause à effet et pour exprimer la conséquence induite par la cause, elle convient pour exprimer la raison en vue de demander une permission ou une excuse, etc. de manière adoucie.

⑩ 日本語が わからないので、英語で 話して いただけませんか。
   Comme je ne comprends pas le japonais, pourriez-vous parler en anglais?

⑪ 用事が あるので、お先に 失礼します。
   Comme j'ai quelque chose à faire, je m'excuse de partir avant vous.

3. 途中で

L'expression とちゅうで signifie «en cours de» ou «en chemin». Elle s'emploie en combinaison avec la forme dictionnaire du verbe ou avec N の .

⑫ 実は 来る 途中で 事故が あって、バスが 遅れて しまったんです。
   En fait, il y a eu un accident en chemin et le bus a eu du retard.

⑬ マラソンの 途中で 気分が 悪く なりました。
   J'ai commencé à me sentir mal au cours du marathon.

# Leçon 40

## I. Vocabulaire

| | | |
|---|---|---|
| かぞえます II | 数えます | compter |
| はかります I | 測ります、量ります | mesurer, peser |
| たしかめます II | 確かめます | vérifier, confirmer |
| あいます I<br>［サイズが～］ | 合います | [la taille] aller bien |
| しゅっぱつします III* | 出発します | partir |
| とうちゃくします III | 到着します | arriver |
| よいます I | 酔います | être ivre, s'enivrer |
| うまく いきます I | | se passer bien, marcher bien |
| でます II<br>［もんだいが～］ | 出ます<br>［問題が～］ | [la question] être dans l'examen |
| そうだんします III | 相談します | discuter, demander conseil, consulter |
| ひつよう［な］ | 必要［な］ | nécessaire |
| てんきよほう | 天気予報 | prévisions météorologiques |
| ぼうねんかい | 忘年会 | soirée de fin d'année |
| しんねんかい* | 新年会 | réunion, soirée de Nouvel An |
| にじかい | 二次会 | seconde partie de la soirée |
| はっぴょうかい | 発表会 | réunion de présentation |
| たいかい | 大会 | （grand）rassemblement, rencontre, congrès |
| マラソン | | marathon |
| コンテスト | | concours |
| おもて | 表 | endroit, côté face, recto |
| うら* | 裏 | envers, l'autre-côté, verso |
| まちがい | | erreur, faute |
| きず | 傷 | défaut, égratignure, blessure, plaie |
| ズボン | | pantalon |
| ［お］としより | ［お］年寄り | personne âgée |
| ながさ* | 長さ | longueur |
| おもさ | 重さ | poids |
| たかさ | 高さ | hauteur |
| おおきさ* | 大きさ | grandeur, taille, dimension |
| ［－］びん | ［－］便 | vol [－] |
| －こ* | －個 | （auxiliaire numéral pour compter des petites choses） |
| －ほん<br>（－ぽん、－ぼん） | －本 | （auxiliaire numéral pour compter des objets longs） |

| | | |
|---|---|---|
| －はい<br>（－ぱい、－ばい）* | －杯 | － tasse de, － verre de（auxiliaire numéral pour compter les boissons dans des tasses ou des verres） |
| －センチ* | | － centimètre(s) |
| －ミリ* | | － millimètre(s) |
| －グラム* | | － gramme(s) |
| 〜いじょう* | 〜以上 | égal ou supérieur à 〜/à partir de 〜/〜 ou plus |
| 〜いか | 〜以下 | égal ou inférieur à 〜/〜 ou moins |
| ※長崎(ながさき) | | capitale de la préfecture de Nagasaki |
| ※仙台(せんだい) | | capitale de la préfecture de Miyagi |
| ※JL | | Japan Airlines |
| ※七夕祭(たなばたまつ)り | | Fête des étoiles |
| ※東照宮(とうしょうぐう) | | temple shinto dédié à Tokugawa Ieyasu, situé à Nikko dans la préfecture de Tochigi |

〈会話(かいわ)〉

| | |
|---|---|
| どうでしょうか。 | Comment cela se passe-t-il? (expression de politesse équivalente à どうですか) |
| テスト | examen |
| 成績(せいせき) | résultat, note |
| ところで | à propos |
| いらっしゃいますⅠ | venir (terme de respect équivalent à きます) |
| 様子(ようす) | état, apparence, attitude |

〈読(よ)み物(もの)〉

| | |
|---|---|
| 事件(じけん) | affaire, évènement, incident |
| オートバイ | moto |
| 爆弾(ばくだん) | bombe |
| 積(つ)みますⅠ | charger, embarquer |
| 運転手(うんてんしゅ) | conducteur |
| 離(はな)れた | éloigné, lointain |
| 急(きゅう)に | soudain, tout à coup |
| 動(うご)かしますⅠ | faire démarrer, faire marcher, manœuvrer |
| 一生懸命(いっしょうけんめい) | de toutes ses forces, avec zèle |
| 犯人(はんにん) | criminel, délinquant |
| 男(おとこ) | homme |
| 手(て)に入(い)れますⅡ | obtenir, se procurer |
| 今(いま)でも | même maintenant, encore aujourd'hui |

## II. Traduction

### Structures-clés
1. Pourriez-vous regarder à quelle heure le vol JL107 va arriver?
2. On ne sait pas encore si le typhon n° 9 va passer au-dessus de Tokyo ou non.
3. Est-ce que je peux essayer ce vêtement?

### Phrases-type
1. Où êtes-vous allés pour la seconde partie de la soirée?
   ……J'étais soûl, alors je ne me rappelle pas du tout où nous sommes allés.
2. Savez-vous comment on mesure la hauteur d'une montagne?
   ……Eh bien je ne sais pas... Faisons une recherche sur internet.
3. Vous souvenez-vous quand nous nous sommes rencontrés pour la première fois?
   ……Comme cela s'est passé il y a longtemps, j'ai oublié.
4. Écrivez-moi un courriel pour me dire si vous pouvez participer à la fête de fin d'année ou non.
   ……Oui, d'accord.
5. C'est un dossier que je dois présenter à l'université. Est-ce que je pourrais vous demander de regarder s'il n'y a pas de faute?
   ……Oui, bien sûr.
6. Êtes-vous déjà allé à Nagasaki?
   ……Non, je n'y suis jamais allé. J'aimerais vraiment bien y aller un jour.

### Conversation
**Je m'inquiète de savoir si mon fils a trouvé des amis ou non.**

Klara: Mme Ito, comment se passe l'école pour Hans?
Je m'inquiète de savoir s'il a trouvé des amis...
Mme Ito: Rassurez-vous.
Hans est très populaire dans la classe.
Klara: Vraiment? Me voilà rassurée.
Et pour ses études, comment cela se passe-t-il? Il dit qu'il trouve les kanji très durs...
Mme Ito: Nous faisons des contrôles de kanji tous les jours, et Hans a de bonnes notes.
Klara: Ah bon. Merci beaucoup.
Mme Ito: À propos, nous allons bientôt avoir une journée dédiée au sport. Est-ce que son père viendra aussi?
Klara: Oui.
Mme Ito: Je voudrais que vous voyiez absolument comment Hans se comporte à l'école.
Klara: D'accord, nous viendrons. Merci pour tout.

## III. Vocabulaire de référence & informations

### 単位・線・形・模様　Unités, Lignes, Formes & Motifs
(たんい・せん・かたち・もよう)

| 面積 Superficie | | | 長さ Longueur | | |
|---|---|---|---|---|---|
| cm² | 平方センチメートル | centimètre carré | mm | ミリ[メートル] | millimètre |
| m² | 平方メートル | mètre carré | cm | センチ[メートル] | centimètre |
| km² | 平方キロメートル | kilomètre carré | m | メートル | mètre |
| | | | km | キロ[メートル] | kilomètre |

| 体積・容積 Volume et capacité | | | 重さ Poids | | |
|---|---|---|---|---|---|
| cm³ | 立方センチメートル | centimètre cube | mg | ミリグラム | milligramme |
| m³ | 立方メートル | mètre cube | g | グラム | gramme |
| ml | ミリリットル | millilitre | kg | キロ[グラム] | kilo[gramme] |
| cc | シーシー | abréviation de cubic centimeter (centimètre cube) | t | トン | tonne |
| ℓ | リットル | litre | | | |

---

計算 Calcul

$$1 + 2 - 3 \times 4 \div 6 = 1$$

たす　ひく　かける　わる　　は(イコール)
plus　moins　multiplié par　divisé par　　égale

---

### 線 Lignes
- 直線 (ちょくせん) ligne droite ———
- 曲線 (きょくせん) ligne courbe 〜〜〜
- 点線 (てんせん) ligne pointillée ………

### 形 Formes
- 円(丸) (えん・まる) cercle 
- 三角[形] (さんかくけい) triangle 
- 四角[形] (しかくけい) carré, rectangle 

### 模様 Motifs
- 縦じま (たて) rayures verticales 
- 横じま (よこ) rayures horizontales 
- チェック carreaux 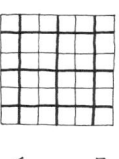
- 水玉 (みずたま) pois 
- 花柄 (はながら) imprimé floral 
- 無地 (むじ) uni

40

## IV. Explications grammaticales

**1.**
$$\left.\begin{array}{l}\text{V} \\ \text{い -adj} \\ \text{な -adj} \\ \text{N}\end{array}\right\}\begin{array}{l}\text{forme neutre} \\ \text{forme neutre} \\ \sim \text{だ}\end{array}\right\}\text{か、}\sim$$

Cette structure de phrase s'emploie pour insérer une phrase interrogative contenant un pronom interrogatif dans une autre phrase.

① JL107便は 何時に 到着するか、調べて ください。
   Pouvez-vous regarder à quelle heure le vol JL107 va arriver?
② 結婚の お祝いは 何が いいか、話して います。
   Nous discutons de ce que nous allons faire comme cadeau de mariage.
③ わたしたちが 初めて 会ったのは いつか、覚えて いますか。
   Vous souvenez-vous quand nous nous sommes rencontrés pour la première fois?

Notons que l'interrogatif est un nom, ce qui donne une forme «interrogatif か» comme dans l'exemple ③.

**2.**
$$\left.\begin{array}{l}\text{V} \\ \text{い -adj} \\ \text{な -adj} \\ \text{N}\end{array}\right\}\begin{array}{l}\text{forme neutre} \\ \text{forme neutre} \\ \sim \text{だ}\end{array}\right\}\text{か どうか、}\sim$$

Cette structure de phrase s'emploie pour insérer une phrase interrogative sans pronom interrogatif dans une autre phrase.

Attention: il est nécessaire de mettre どうか après la forme neutre か.

④ 忘年会に 出席するか どうか、20日までに 返事を ください。
   Je vous prie de me dire avant le 20 si vous participez à la soirée de fin d'année.
⑤ その 話は ほんとうか どうか、わかりません。
   Je ne sais pas si cette histoire est vraie ou non.
⑥ まちがいが ないか どうか、調べて ください。
   Vérifiez s'il n'y a pas de faute, s'il vous plaît.

Dans ⑥, si l'expression まちがいが ないか どうか est utilisée et non まちがいが あるか どうか, c'est parce que le locuteur veut vérifier le fait qu'il n'y ait pas de faute (まちがいが ない).

## 3. V て -forme みます

Cette structure de phrase indique qu'on essaie de faire une action pour voir ce que cela donne.

⑦ もう 一度 考えて みます。
　Je vais réfléchir encore une fois.

⑧ この ズボンを はいて みても いいですか。
　Est-ce que je peux essayer ce pantalon?

⑨ 北海道へ 行って みたいです。
　Je veux bien aller à Hokkaido (pour voir comment c'est).

Comme l'illustre l'exemple ⑨, 〜て みたい permet au locuteur d'exprimer son souhait avec plus de retenue que 〜たい.

## 4. い -adj (〜い) → 〜さ

Un い-adjectif peut se transformer en nom en remplaçant le dernier い par さ.

Ex. 高い → 高さ　　長い → 長さ　　速い → 速さ

⑩ 山の 高さは どうやって 測るか、知って いますか。
　Savez-vous comment on mesure la hauteur d'une montagne?

⑪ 新しい 橋の 長さは 3,911 メートルです。
　La longueur du nouveau pont est de 3 911 mètres.

## 5. 〜でしょうか

Si l'on utilise 〜でしょう (L.32) dans une question, comme dans l'exemple ⑫, on peut donner une impression d'atténuation à son interlocuteur car cette façon de poser la question n'impose pas une réponse définitive.

⑫ ハンスは 学校で どうでしょうか。
　Comment se passe l'école pour Hans?

# Leçon 41

## I. Vocabulaire

| | | |
|---|---|---|
| いただきます I | | recevoir (terme de modestie équivalent à もらいます) |
| くださいます I | | donner (terme de respect équivalent à くれます) |
| やります I | | donner, offrir (à des personnes plus jeunes ou subordonnées, à des animaux, à des plantes, etc.) |
| あげます II | 上げます | augmenter, faire monter, lever |
| さげます II * | 下げます | diminuer, faire baisser, baisser |
| しんせつに します III | 親切に します | être gentil |
| かわいい | | mignon, adorable |
| めずらしい | 珍しい | rare, peu commun |
| おいわい | お祝い | célébration, félicitations, cadeau (〜を します：fêter, féliciter) |
| おとしだま | お年玉 | étrennes (argent donné pour le Nouvel An) |
| [お]みまい | [お]見舞い | (acte (visite, etc.) ou cadeau fait en témoignage de sympathie et de consolation à des personnes malades, blessées ou sinistrées, etc.) |
| きょうみ | 興味 | intérêt ([コンピューターに] 〜が あります：s'intéresser [à l'ordinateur]) |
| じょうほう | 情報 | information |
| ぶんぽう | 文法 | grammaire |
| はつおん | 発音 | prononciation |
| さる | 猿 | singe |
| えさ | | nourriture, pâture |
| おもちゃ | | jouet |
| えほん | 絵本 | livre d'images |
| えはがき | 絵はがき | carte postale illustrée |
| ドライバー | | tournevis |
| ハンカチ | | mouchoir |
| くつした | 靴下 | chaussettes, bas |
| てぶくろ | 手袋 | gants |
| ようちえん | 幼稚園 | école maternelle |
| だんぼう | 暖房 | chauffage |

| | | |
|---|---|---|
| れいぼう* | 冷房 | climatiseur |
| おんど | 温度 | température |
| | | |
| そふ* | 祖父 | (mon) grand-père |
| そぼ | 祖母 | (ma) grand-mère |
| まご | 孫 | (mes) petits-enfants |
| おまごさん | お孫さん | petits-enfants (de quelqu'un d'autre) |
| おじ* | | (mon) oncle |
| おじさん* | | oncle (de quelqu'un d'autre) |
| おば | | (ma) tante |
| おばさん* | | tante (de quelqu'un d'autre) |
| | | |
| かんりにん | 管理人 | gardien, concierge |
| 〜さん | | (suffixe ajouté à un nom de métier ou un titre afin d'exprimer la politesse) |
| | | |
| このあいだ | この間 | l'autre jour |

〈会話〉

| | |
|---|---|
| ひとこと | quelques mots |
| 〜ずつ | chacun |
| 二人 (ふたり) | couple |
| お宅 (たく) | maison (terme de respect équivalent de うち ou いえ) |
| どうぞ お幸(しあわ)せに。 | Je vous souhaite beaucoup de bonheur. |

〈読み物〉

| | |
|---|---|
| 昔話 (むかしばなし) | vieux conte, vieille histoire |
| ある 〜 | un 〜, un certain 〜 |
| 男 (おとこ) | homme |
| 子(こ)どもたち | enfants |
| いじめますⅡ | persécuter, tourmenter, maltraiter |
| かめ | tortue |
| 助(たす)けますⅡ | sauver, secourir, apporter son aide |
| 優(やさ)しい | gentil, doux |
| お姫様 (ひめさま) | princesse |
| 暮(く)らしますⅠ | vivre |
| 陸 (りく) | terre |
| すると | alors |
| 煙 (けむり) | fumée |
| 真(ま)っ白(しろ)[な] | tout blanc |
| 中身 (なかみ) | contenu |
| | |
| ※浦島太郎 (うらしまたろう) | nom du héros d'un vieux conte |

## II. Traduction

**Structures-clés**
1. J'ai reçu un livre du professeur Watt.
2. Mon professeur a eu la gentillesse de corriger mes fautes de kanji.
3. L'épouse du directeur du département m'a appris la cérémonie du thé.
4. J'ai fait un avion en papier pour mon fils.

**Phrases-type**
1. Quelle belle assiette!
   ……Oui. M. Tanaka nous l'a offerte comme cadeau de mariage.
2. Maman, est-ce que je peux donner un gâteau aux singes?
   ……Non. Il est écrit là-bas qu'il est interdit de leur donner à manger, tu vois?
3. Êtes-vous déjà allé voir les sumo?
   ……Oui. Le directeur m'a emmené l'autre jour. C'était très intéressant.
4. Comment s'est passé votre séjour en famille pendant les vacances d'été?
   ……Ça s'est très bien passé! Toute la famille était très gentille avec moi.
5. Qu'est-ce que vous allez faire pendant la série de jours fériés?
   ……Je vais emmener mes enfants à Disneyland.
6. Je ne comprends pas comment utiliser le nouveau photocopieur. Pourriez-vous m'expliquer?
   ……Oui, bien sûr.

**Conversation**

**Félicitations pour votre mariage.**

| | |
|---|---|
| Président de l'université: | M. Watt et Izumi, félicitations pour votre mariage. À la vôtre! |
| Tout le monde: | À la vôtre! |
| | ……………………………………………… |
| Animateur de l'évènement: | Maintenant, je voudrais demander à chaque invité assis ici, à cette table, de dire quelques mots. |
| Yoshiko Matsumoto: | J'étais une élève de M. Watt durant le cours d'anglais de l'été de l'année dernière. Le cours de M. Watt était plein d'humour et c'était très agréable. En fait, Izumi suivait aussi ce cours. |
| Employée de l'université: | M. Watt m'a offert un livre intitulé «Comment bien ranger ses affaires». M. Watt est très fort pour le rangement et son bureau est toujours propre. Je suis certaine que la maison des mariés sera jolie. |
| Miller: | M. Watt, auriez-vous la gentillesse d'écrire, la prochaine fois, un livre intitulé «Comment se marier avec une excellente personne»? J'aimerais le lire pour apprendre. Je vous souhaite beaucoup de bonheur. |

## III. Vocabulaire de référence & informations

### 便利情報　Informations pratiques

---

**貸衣装の「みんなの晴れ着」**
Location de vêtement «Vêtement de cérémonie pour tous»

何でもそろいます!!　　新作がいっぱい!!
Nous avons des habits pour toutes les occasions!! Plein de nouvelles créations!!

☎ 03-3812-556×

- 七五三　cérémonie pour les enfants de 7, 5 et 3 ans
- 卒業式　cérémonie de remise des diplômes
- 成人式　cérémonie pour célébrer l'accès à la majorité
- 結婚式　mariage

---

**泊まりませんか**
Venez passer un bon séjour chez nous!

民宿 三浦
Chambre d'hôtes Miura

安い、親切、家庭的な宿
auberge avec une atmosphère familiale, avec un accueil chaleureux et des prix raisonnables

☎ 0585-214-1234

---

**公民館からのお知らせ**　Information de la Maison pour tous communale

| | | | |
|---|---|---|---|
| 月曜日 | lundi | 日本料理講習会 | cours de cuisine japonaise |
| 火曜日 | mardi | 生け花スクール | cours d'arrangement floral |
| 水曜日 | mercredi | 日本語教室 | cours de japonais |

＊毎月第3日曜日　le troisième dimanche de tous les mois　バザー　bazar

☎ 0798-72-251×

---

**レンタルサービス**
Service de location

何でも貸します!!
Nous louons tout et n'importe quoi!

- カラオケ　équipement de karaoké
- ビデオカメラ　caméra vidéo
- 携帯電話　téléphone portable
- ベビー用品　articles pour bébés
- レジャー用品　articles de loisirs
- 旅行用品　articles de voyage

☎ 0741-41-5151

---

**便利屋**　Aide en tous genres
☎ 0343-885-8854

何でもします!!
Confiez-nous tout!

☆家の修理、掃除
réparation de maison, nettoyage
☆赤ちゃん、子どもの世話
garde d'enfant
☆犬の散歩
promenade de chiens
☆話し相手
service d'accompagnement

---

**お寺で体験できます**
Venez pratiquer ces activités dans notre temple!

禅ができます　Vous pouvez pratiquer la méditation zen.

精進料理が食べられます
Vous pouvez déguster la cuisine végétarienne des moines.

金銀寺　☎ 0562-231-2010

# IV. Explications grammaticales

## 1. Expressions pour donner et pour recevoir

Dans les leçons 7 et 24, les expressions relatives aux actes d'offrir et de recevoir les choses ou les actions ont été traitées. Dans cette leçon, seront abordées d'autres expressions pour donner et pour recevoir, qui reflètent la relation entre le donneur et le receveur.

1) $N_1$(personne)に $N_2$ を いただきます

   Lorsque le locuteur reçoit un objet ($N_2$) de la part de quelqu'un de plus âgé ou socialement plus élevé ($N_1$), on utilise いただきます à la place de もらいます.

   ① わたしは 社長に お土産を いただきました。
   J'ai reçu un souvenir du président.

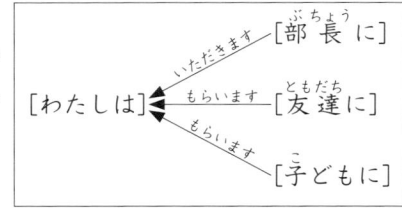

2) [わたしに] N を くださいます

   Lorsque quelqu'un de plus âgé ou socialement supérieur donne quelque chose au locuteur, on utilise くださいます au lieu de くれます.

   ② 社長が わたしに お土産を くださいました。
   Le président m'a offert un souvenir.

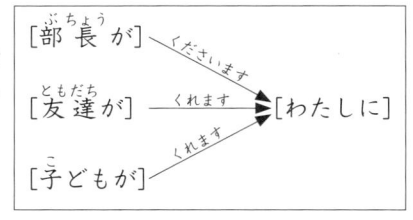

   [Note] いただきます et くださいます sont également utilisés lorsque le receveur est un membre de la famille du locuteur.

   ③ 娘は 部長に お土産を いただきました。
   Ma fille a reçu un souvenir du directeur.

   ④ 部長が 娘に お土産を くださいました。
   Le directeur a donné un souvenir à ma fille.

3) $N_1$ に $N_2$ を やります

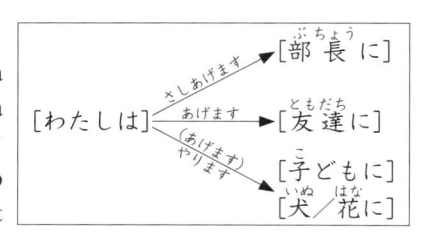

   Lorsque le locuteur donne quelque chose ($N_2$) à quelqu'un de plus jeune ou socialement plus bas ou à un animal ou à une plante ($N_1$), le verbe やります devrait être utilisé. Cependant, ces temps-ci, beaucoup de gens utilisent あげます car cette expression paraît plus polie.

   ⑤ わたしは 息子に お菓子を やりました (あげました)。
   J'ai donné du gâteau à mon fils.

   ⑥ わたしは 犬に えさを やりました。
   J'ai donné à manger à mon chien.

## 2. Donner et recevoir des actions

いただきます, くださいます et やります sont également utilisés pour exprimer l'idée de donner ou de recevoir des actions. Ci-dessous quelques exemples:

1) V て -forme いただきます

⑦ わたしは 課長に 手紙の まちがいを 直して いただきました。
   Je me suis fait corriger les fautes de ma lettre par mon chef de service.

2) V て -forme くださいます

⑧ 部長の 奥さんが [わたしに] お茶を 教えて くださいました。
   La femme du directeur m'a appris la cérémonie du thé.

⑨ 部長が [わたしを] 駅まで 送って くださいました。
   Le directeur m'a accompagné jusqu'à la gare.

⑩ 部長が [わたしの] レポートを 直して くださいました。
   Le directeur a corrigé mon rapport pour moi.

3) V て -forme やります

⑪ わたしは 息子に 紙飛行機を 作って やりました（あげました）。
   J'ai fait un avion en papier à mon fils.

⑫ わたしは 犬を 散歩に 連れて 行って やりました。
   J'ai promené mon chien.

⑬ わたしは 娘の 宿題を 見て やりました（あげました）。
   J'ai aidé ma fille à faire ses devoirs.

## 3. V て -forme くださいませんか

Cette expression de requête est plus polie que 〜て ください. Cependant, elle exprime moins de politesse que la forme 〜て いただけませんか, étudiée dans la leçon 26.

⑭ コピー機の 使い方を 教えて くださいませんか。
   Pouvez-vous m'expliquer comment utiliser le photocopieur?

⑮ コピー機の 使い方を 教えて いただけませんか。
   Auriez-vous la gentillesse de m'expliquer comment utiliser le photocopieur? (L.26)

## 4. N に V

La particule に utilisée dans les exemples suivants signifie «en signe de 〜» ou «en souvenir de 〜».

⑯ 田中さんが 結婚祝いに この お皿を くださいました。
   M. Tanaka m'a offert cette assiette comme cadeau de mariage.

⑰ 北海道旅行の お土産に 人形を 買いました。
   J'ai acheté cette poupée en souvenir de mon voyage à Hokkaido.

# Leçon 42

## I. Vocabulaire

| | | |
|---|---|---|
| つつみます I | 包みます | envelopper |
| わかします I | 沸かします | faire bouillir, (faire) chauffer |
| まぜます II | 混ぜます | mélanger |
| けいさんします III | 計算します | calculer |
| ならびます I | 並びます | faire la queue, s'aligner |
| じょうぶ[な] | 丈夫[な] | solide, résistant, vigoureux |
| アパート | | appartement |
| べんごし | 弁護士 | avocat |
| おんがくか | 音楽家 | musicien |
| こどもたち | 子どもたち | enfants |
| しぜん | 自然 | nature |
| きょういく | 教育 | éducation |
| ぶんか | 文化 | culture |
| しゃかい | 社会 | société |
| せいじ | 政治 | politique |
| ほうりつ | 法律 | loi, droit |
| せんそう* | 戦争 | guerre |
| へいわ | 平和 | paix |
| もくてき | 目的 | but, objectif |
| ろんぶん | 論文 | thèse, mémoire, article de recherche |
| たのしみ | 楽しみ | plaisir, divertissement, attente |
| ミキサー | | mixer, mixeur |
| やかん | | bouilloire |
| ふた | | capsule, couvercle |
| せんぬき | 栓抜き | décapsuleur, tire-bouchon |
| かんきり | 缶切り | ouvre-boîte |
| かんづめ | 缶詰 | conserve, boîte de conserve |
| のしぶくろ | のし袋 | enveloppe spéciale pour offrir une somme d'argent |
| ふろしき | | carré de tissu servant à envelopper et transporter des objets |
| そろばん | | boulier japonais |
| たいおんけい | 体温計 | thermomètre médical |
| ざいりょう | 材料 | ingrédient, matière, matériaux |
| ある 〜 | | un 〜, un certain 〜 |
| いっしょうけんめい | 一生懸命 | de toutes ses forces, avec zèle |

| | |
|---|---|
| なぜ | pourquoi |
| どのくらい | （à peu près）combien（quantité, nombre） |
| ※国連 | ONU（Organisation des Nations Unies） |
| ※エリーゼの ために | Lettre à Élise |
| ※ベートーベン | Ludwig van Beethoven, compositeur allemand（1770-1827） |
| ※こどもニュース | informations fictives |

### 〈会話〉

| | |
|---|---|
| 出ますⅡ［ボーナスが～］ | toucher［son bonus］ |
| 半分 | moitié |
| ローン | crédit, prêt |

### 〈読み物〉

| | |
|---|---|
| カップめん | nouilles instantanées vendues dans un bol jetable |
| 世界初 | le premier dans le monde |
| ～に よって | par ～ |
| どんぶり | grand bol |
| めん | nouille |
| 広めますⅡ | répandre, diffuser, populariser |
| 市場調査 | étude de marché |
| 割りますⅠ | casser, couper |
| 注ぎますⅠ | verser |
| ※チキンラーメン | nom d'un produit commercial de nouille instantanée |
| ※安藤百福 | homme d'affaires et inventeur japonais（1910-2007） |

## II. Traduction

### Structures-clés
1. J'épargne pour avoir mon propre magasin à l'avenir.
2. Ces chaussures sont très bien pour marcher à la montagne.

### Phrases-type
1. Je m'entraîne tous les jours pour participer à la danse *bon*.
   ……C'est vrai? C'est passionnant.
2. Pourquoi allez-vous en montagne seul?
   ……Je vais à la montagne pour me retrouver seul et méditer.
3. Faites-vous quelque chose pour votre santé?
   ……Non. Mais je pense courir tous les matins à partir de la semaine prochaine.
4. Quel joli morceau!
   ……C'est «Lettre à Élise». C'est une pièce que Beethoven a composée pour une femme.
5. À quoi sert cela?
   ……On l'utilise pour ouvrir les bouteilles de vin.
6. Avez-vous un sac pour un voyage d'affaire de deux ou trois jours?
   ……Que pensez-vous de celui-ci? Vous pouvez y mettre un ordinateur aussi, et il est très pratique.
7. Combien d'années a-t-il fallu pour construire ce pont?
   ……Il a fallu douze ans.

### Conversation
#### Comment allez-vous utiliser votre bonus?

Suzuki: Mlle Hayashi, quand est-ce que vous allez toucher votre bonus?
Hayashi: La semaine prochaine. Et dans votre société?
Suzuki: Demain. On l'attend avec impatience, n'est-ce pas?
Hayashi: Oui. Comment allez-vous l'utiliser?
Suzuki: D'abord je vais m'acheter une nouvelle bicyclette, et puis je vais partir en voyage...
Ogawa: Vous n'allez pas épargner?
Suzuki: Je n'y ai pas tellement pensé.
Hayashi: Moi, je compte épargner la moitié.
Suzuki: Vraiment? Vous allez épargner autant?
Hayashi: Oui. J'ai l'intention d'aller étudier en Angleterre un jour.
Ogawa: Ah oui. Vous, les célibataires, avez de la chance. Vous pouvez tout dépenser pour vous-même. Moi, je vais rembourser le prêt pour ma maison, épargner pour l'éducation de mes enfants, et après il ne me restera pas grand-chose.

# III. Vocabulaire de référence & informations

## 事務用品・道具 (じむようひん・どうぐ) — Articles de bureau & Outils

| とじる<br>agrafer | 挟(はさ)む／とじる<br>pincer/attacher | 留める<br>épingler, fixer | 切る<br>couper |
|---|---|---|---|
| ホッチキス<br>agrafeuse | クリップ<br>trombone, pince-note | 画(が)びょう<br>punaise | カッター　はさみ<br>cutter　ciseaux |

| はる<br>coller, mettre | | 削(けず)る<br>tailler | ファイルする<br>classer |
|---|---|---|---|
| セロテープ<br>scotch,<br>ruban adhésif | ガムテープ<br>adhésif pour<br>l'emballage | のり<br>colle | 鉛筆削(えんぴつけず)り<br>taille-crayon | ファイル<br>classeur |

| 消(け)す<br>effacer, gommer | ［穴(あな)を］開(あ)ける<br>perforer | 計算(けいさん)する<br>calculer | ［線(せん)を］引(ひ)く／測(はか)る<br>tracer [une ligne]/mesurer |
|---|---|---|---|
| 消(け)しゴム　修正液(しゅうせいえき)<br>gomme　correcteur<br>à effacer　liquide | パンチ<br>perforateur | 電卓(でんたく)<br>calculatrice | 定規(物差(ものさ)し) (じょうぎ)<br>règle |

| 切(き)る<br>scier | ［くぎを］打(う)つ<br>enfoncer [un clou] | 挟(はさ)む／曲(ま)げる／切(き)る<br>pincer/plier/couper | ［ねじを］締(し)める／緩(ゆる)める<br>serrer/desserrer<br>[une vis] |
|---|---|---|---|
| のこぎり<br>scie | 金(かな)づち<br>marteau | ペンチ<br>pince, tenaille | ドライバー<br>tournevis |

107

42

## IV. Explications grammaticales

**1.**  | V en forme dictionnaire | ために、〜 | afin de V
       | N の                   |            | pour N

ために indique le but. N の ために s'emploie également dans le sens d' «au profit de N» ou «en faveur de N» comme dans l'exemple ④.

① 自分の 店を 持つ ために、貯金して います。
   Je fais des économies pour avoir mon propre magasin.
② 引っ越しの ために、車を 借ります。
   Je vais louer une voiture pour mon déménagement.
③ 健康の ために、毎朝 走って います。
   Je cours tous les matins pour ma santé.
④ 家族の ために、うちを 建てます。
   Je vais faire construire une maison pour ma famille.

[Note 1] L'expression similaire 〜ように a été présentée dans la leçon 36. La différence entre ために et ように est la suivante: un verbe volitif en forme dictionnaire est utilisé devant ために, tandis qu'un verbe non-volitif en forme dictionnaire ou à la forme négative est utilisé devant ように.

En comparant les deux phrases ci-dessous, on constate la différence de sens suivante: l'exemple ① signifie que le locuteur s'est fixé comme objectif «avoir son propre magasin» et qu'il fait des économies dans ce but, tandis que ⑤ signifie que le locuteur fait des économies afin de réaliser la situation dans laquelle il sera capable d'avoir son propre magasin.

① 自分の 店を 持つ ために、貯金して います。
   Je fais des économies pour avoir mon propre magasin.
⑤ 自分の 店が 持てる ように、貯金して います。
   Je fais des économies afin de pouvoir avoir mon magasin.

[Note 2] Il y a deux usages de なります, à savoir en tant que verbe volitif ou que verbe non-volitif.

⑥ 弁護士に なる ために、法律を 勉強して います。
   Je fais des études de droit afin de devenir avocat.
⑦ 日本語が 上手に なる ように、毎日 勉強して います。
   J'étudie le japonais tous les jours pour que je puisse faire des progrès. (L.36)

## 2.

```
V en forme dictionnaire の  } に ～
N
```

Cette structure de phrase est utilisée avec des expressions telles que つかいます、いいです、べんりです、やくに たちます、[じかん]が かかります、etc. pour indiquer l'usage ou le but.

⑧ この はさみは 花を 切るのに 使います。
   Ces ciseaux sont utilisés pour couper les fleurs.

⑨ この かばんは 大きくて、旅行に 便利です。
   Ce sac est grand et pratique pour voyager.

⑩ 電話番号を 調べるのに 時間が かかりました。
   Il m'a fallu beaucoup de temps pour trouver le numéro de téléphone.

## 3. Quantitatif は／も

La particule は attachée à un quantitatif indique que la quantité mentionnée est le minimum de ce que le locuteur a estimé. La particule も attachée à un quantitatif indique que le locuteur trouve la quantité mentionnée comme importante.

⑪ わたしは ［ボーナスの］半分は 貯金する つもりです。
   ……えっ、半分も 貯金するんですか。
   J'ai l'intention d'épargner au moins la moitié [de mon bonus].
   …… Comment? Vous allez épargner la moitié?

## 4. ～に よって

Quand un verbe indiquant l'idée de création ou de découverte (ex. かきます、はつめいします、はっけんします、etc.) est utilisé à la forme passive, l'agent est marqué par に よって au lieu de に.

⑫ チキンラーメンは 1958年に 安藤百福さんに よって 発明されました。
   «Chiken ramen» (marque de nouille instantanée) a été inventé par M. Momofuku Ando en 1958.

# Leçon 43

## I. Vocabulaire

| | | |
|---|---|---|
| ふえますⅡ<br>［ゆしゅつが～］ | 増えます<br>［輸出が～］ | [l'exportation] augmenter |
| へりますⅠ<br>［ゆしゅつが～］ | 減ります<br>［輸出が～］ | [l'exportation] diminuer |
| あがりますⅠ<br>［ねだんが～］ | 上がります<br>［値段が～］ | [le prix] monter |
| さがりますⅠ*<br>［ねだんが～］ | 下がります<br>［値段が～］ | [le prix] baisser |
| きれますⅡ<br>［ひもが～］ | 切れます | [une ficelle] (se) casser |
| とれますⅡ<br>［ボタンが～］ | | [un bouton] partir |
| おちますⅡ<br>［にもつが～］ | 落ちます<br>［荷物が～］ | [un bagage] tomber |
| なくなりますⅠ<br>［ガソリンが～］ | | il n'y a plus d'[essence], disparaître |
| | | |
| へん［な］ | 変［な］ | bizarre, étrange |
| しあわせ［な］ | 幸せ［な］ | heureux |
| らく［な］ | 楽［な］ | facile |
| | | |
| うまい* | | bon, délicieux, succulent |
| まずい | | pas bon, insipide |
| つまらない | | sans intérêt, ennuyeux, insignifiant, banal |
| やさしい | 優しい | gentil, doux |
| | | |
| ガソリン | | essence |
| ひ | 火 | feu |
| パンフレット | | brochure, prospectus |
| | | |
| いまにも | 今にも | d'un moment à l'autre (utilisé pour décrire une situation juste avant le changement) |
| | | |
| わあ | | Oh!/Ouah! |

〈読み物〉
ばら　　　　　　　　　　　　　　rose
ドライブ　　　　　　　　　　　　promenade en voiture
理由　　　　　　　　　　　　　　raison
謝りますⅠ　　　　　　　　　　　demander pardon
知り合いますⅠ　　　　　　　　　faire connaissance

## II. Traduction

**Structures-clés**
1. On dirait qu'il va pleuvoir d'un moment à l'autre.
2. Je vais juste aller acheter un ticket.

**Phrases-type**
1. Le bouton de votre veste a l'air d'être sur le point de tomber.
   ……Ah c'est vrai. Merci beaucoup.
2. Il commence à faire doux, n'est-ce pas?
   ……Oui. Il semble que les cerisiers vont fleurir bientôt.
3. Voici un gâteau aux pommes allemand. Servez-vous.
   ……Oh, il a l'air délicieux. Merci.
4. Ce travail à temps partiel a l'air bien. Le salaire est bon et le travail a l'air assez facile.
   ……Mais c'est à partir de minuit jusqu'à six heures du matin, vous savez.
5. Il n'y a pas assez d'exemplaires, n'est-ce pas?
   ……Combien en manque-t-il? Je vais aller faire des photocopies tout de suite.
6. Je vais sortir un moment.
   ……Vers quelle heure allez-vous rentrer?
   Je pense rentrer avant quatre heures.

**Conversation**

Il a l'air de s'amuser tous les jours.

Hayashi: Qui est la personne sur la photo?
Schmidt: C'est mon fils, Hans. Je l'ai prise à la journée dédiée au sport de l'école.
Hayashi: Il a l'air en pleine forme.
Schmidt: Oui, Hans peut courir vite.
Il s'est habitué à l'école primaire japonaise et il s'est fait des amis, alors il a l'air de s'amuser tous les jours.
Hayashi: Je suis contente pour vous.
La personne sur cette photo, est-ce votre femme? Elle est belle.
Schmidt: Merci beaucoup.
Elle s'intéresse à plein de différentes choses, alors c'est intéressant d'être avec elle.
Hayashi: Je vois.
Schmidt: Elle aime en particulier l'histoire. Alors, quand elle a du temps, elle visite les villes anciennes.

## III. Vocabulaire de référence & informations

### 性格・性質 （せいかく・せいしつ）　Caractères & Natures

| | | | |
|---|---|---|---|
| 明るい (あかるい) gai | 暗い (くらい) sombre | 活発[な] (かっぱつ) | vif, vivant |
| 優しい (やさしい) | gentil, doux | 誠実[な] (せいじつ) | sincère |
| おとなしい | calme, sage, docile | わがまま[な] | égoïste, capricieux |
| 冷たい (つめたい) | froid | まじめ[な] sérieux | ふまじめ[な] peu sérieux, frivole |
| 厳しい (きびしい) | sévère, strict | | |
| 気が長い (きながい) | patient, lent | 頑固[な] (がんこ) | obstiné, têtu |
| 気が短い (きみじかい) | impatient | 素直[な] (すなお) | docile, naturel |
| 気が強い (きつよい) avoir un fort caractère | 気が弱い (きよわい) introverti, timide | 意地悪[な] (いじわる) | méchant |
| | | 勝ち気[な] (かちき) | volontaire, intransigeant |
| | | 神経質[な] (しんけいしつ) | nerveux |

43

## IV. Explications grammaticales

**1.** ～そうです   Il semble que.../On dirait que.../avoir l'air...

1) V ます -forme そうです

Cette structure de phrase exprime un signe selon lequel le mouvement ou le changement dénoté par le verbe va se produire. Les adverbes indiquant le moment du mouvement ou du changement tels que いまにも, もうすぐ, これから peuvent être utilisés avec cette structure.

① 今にも 雨が 降りそうです。
   On dirait qu'il va pleuvoir d'un moment à l'autre.
② もうすぐ 桜が 咲きそうです。
   Il semble que les cerisiers vont bientôt fleurir.
③ これから 寒く なりそうです。
   On sent qu'il va commencer à faire froid dès maintenant.

2) い -adj (～い)  
   な -adj [な]  } そうです

Cette expression est utilisée pour décrire la nature de quelque chose par l'inférence basée sur son apparence, sans que cette inférence soit effectivement confirmée.

④ この 料理は 辛そうです。         Ce plat a l'air épicé.
⑤ 彼女は 頭が よさそうです。       Elle a l'air intelligent.
⑥ この 机は 丈夫そうです。         Cette table a l'air solide.

[Note] Il est impossible d'utiliser des adjectifs exprimant des émotions (うれしい, かなしい, さびしい, etc.) pour décrire les sentiments d'autrui. Dans ce cas, il faut ajouter そうです à ces adjectifs pour former l'expression de l'inférence basée sur l'apparence.

⑦ うれしそうですね。
   ……ええ、実は きのう 結婚を 申し込まれたんです。
   Vous avez l'air content.
   …… Oui, en fait, on m'a demandé en mariage hier.

**2.** V て -forme 来ます

1) L'expression V て -forme きます signifie que quelqu'un va à un endroit, y effectue une action et revient à l'endroit où il était.

⑧ ちょっと たばこを 買って 来ます。
   Je vais juste acheter des cigarettes.

L'exemple ⑧ exprime trois actions, à savoir (1) aller à l'endroit où l'on vend des cigarettes, (2) acheter des cigarettes là-bas et (3) revenir au point de départ.

L'endroit où l'action dénotée par V て-forme s'effectue est marqué par で comme l'illustre l'exemple ⑨. Quand l'endroit est pris en compte comme le point d'où quelque chose sort (point de départ pour l'objet), comme dans l'exemple ⑩, から est utilisé. Des verbes tels que もって きます et はこんで きます, outre とって きます, sont utilisés avec から.

⑨ スーパーで 牛乳を 買って 来ます。
  Je vais acheter du lait au supermarché (et je reviens).
⑩ 台所から コップを 取って 来ます。
  Je vais chercher un verre dans la cuisine.

2) N(lieu)へ 行って 来ます

Quand le verbe いきます à la て-forme est placé devant きます, cette structure signifie que quelqu'un va à un endroit et puis en revient. Cette structure est utilisée lorsqu'on ne spécifie pas l'action effectuée à l'endroit où cette personne va.

⑪ 郵便局へ 行って 来ます。
  Je vais aller au bureau de poste (et je reviens).

3) 出かけて 来ます

Quand le verbe でかけます à la て-forme est placé devant きます, cette structure signifie que quelqu'un va quelque part et puis en revient. Cette structure est utilisée lorsqu'on ne spécifie pas où on va ni ce qu'on fait à cet endroit.

⑫ ちょっと 出かけて 来ます。
  Je vais sortir un moment (et je reviens bientôt).

3. **V て-forme くれませんか**  Pouvez-vous...?

C'est une expression de requête plus polie que 〜て ください, mais elle n'est pas aussi polie que 〜て いただけませんか (L.26) ni 〜て くださいませんか (L.41). Il convient d'utiliser cette expression à l'égard de quelqu'un dont le statut et l'âge sont égaux ou inférieurs à soi-même.

⑬ コンビニへ 行って 来ます。
  ……じゃ、お弁当を 買って 来て くれませんか。
  Je vais juste aller à la supérette (*combini*).
  …… Dans ce cas, pouvez-vous m'acheter un casse-croûte là-bas?

# Leçon 44

## I. Vocabulaire

| | | |
|---|---|---|
| なきます I | 泣きます | pleurer |
| わらいます I | 笑います | rire |
| ねむります I | 眠ります | dormir |
| かわきます I<br>［シャツが～］ | 乾きます | [une chemise] sécher |
| ぬれます II *<br>［シャツが～］ | | [une chemise] être mouillée |
| すべります I | 滑ります | glisser |
| おきます II<br>［じこが～］ | 起きます<br>［事故が～］ | [un accident] se produire, arriver |
| ちょうせつします III | 調節します | régler, ajuster |
| | | |
| あんぜん［な］ | 安全［な］ | sûr, sans danger |
| きけん［な］* | 危険［な］ | dangereux |
| | | |
| こい | 濃い | fort, relevé, corsé（goût）, foncé（couleur） |
| うすい | 薄い | moins salé, fade, léger（goût）, clair（couleur）, mince（épaisseur） |
| あつい | 厚い | épais（épaisseur） |
| ふとい | 太い | gros（grand diamètre） |
| ほそい* | 細い | fin（petit diamètre） |
| | | |
| くうき | 空気 | air |
| なみだ | 涙 | larme |
| | | |
| わしょく | 和食 | plat japonais, cuisine japonaise |
| ようしょく | 洋食 | plat occidental, cuisine occidentale |
| おかず* | | plat（d'accompagnement）, mets |
| | | |
| りょう | 量 | quantité |
| －ばい | －倍 | － fois |
| | | |
| シングル | | chambre à un lit |
| ツイン | | chambre à deux lits |
| | | |
| せんたくもの | 洗濯物 | lessive, linge（à laver） |
| DVD | | DVD |
| | | |
| ※ホテルひろしま | | hôtel fictif |

〈会話〉
どう なさいますか。  Qu'est-ce qu'on vous fait (aujourd'hui)? (expression de respect)

カット  coupe
シャンプー  shampoing (〜を します：(se) faire un shampoing)

どういうふうに なさいますか。  Comment voulez-vous que je coupe vos cheveux? (expression de respect)

ショート  court
〜みたいに して ください。  Pouvez-vous faire comme 〜?
これで よろしいでしょうか。  Est-ce que ça va comme ça? (expression de politesse)

[どうも] お疲れさまでした。  Merci beaucoup pour votre patience. (expression utilisée par l'employé(e) du salon de coiffure à l'égard d'un(e) client(e)).

〈読み物〉
嫌がります I  répugner, détester
また  en plus, et puis
うまく  bien, habilement
順序  ordre
安心[な]  être rassuré
表現  expression
例えば  par exemple
別れます II  quitter, se séparer
これら  ceux-ci, celles-ci
縁起が 悪い  être de mauvais augure, porter malheur

## II. Traduction

### Structures-clés
1. J'ai trop bu d'alcool hier soir.
2. Cet ordinateur est facile à utiliser.
3. Pourrez-vous raccourcir ce pantalon?

### Phrases-type
1. Est-ce que vous pleurez?
   ……Non. J'ai trop ri, je n'ai pas pu retenir mes larmes.
2. Les voitures d'aujourd'hui sont faciles à manœuvrer.
   ……Oui. Mais quand la manœuvre est trop facile, il n'y a pas de plaisir à conduire.
3. Qu'est-ce qui est plus agréable à vivre entre la campagne et la ville?
   ……Je pense que la campagne est plus agréable à vivre car la vie est moins chère et l'air est pur.
4. Ce verre est solide et ne se casse pas facilement.
   ……Alors c'est bien pour les enfants parce qu'il n'y a pas de danger.
5. Il est tard dans la nuit, voudriez-vous bien ne pas faire de bruit?
   ……Oui. Excusez-nous.
6. Qu'est-ce que vous prenez comme boisson?
   …… Je vais prendre une bière.

### Conversation
#### Pouvez-vous faire comme sur cette photo?

Coiffeur: Bonjour. Qu'est-ce qu'on vous fait aujourd'hui?
Lee: Ce serait pour une coupe, s'il vous plaît.
Coiffeur: On va passer au shampoing. Par ici, s'il vous plaît.
　　　　　………………………………………………………

Coiffeur: Comment voulez-vous que je coupe vos cheveux?
Lee: Je voudrais une coupe courte.
　　　Pouvez-vous faire comme sur cette photo?
Coiffeur: Ah, c'est joli.
　　　　　………………………………………………………

Coiffeur: Pour la longueur de la frange, est-ce que ça va comme ça?
Lee: Euh... faites un peu plus court, s'il vous plaît.
　　　　　………………………………………………………

Coiffeur: Merci beaucoup pour votre patience.
Lee: Merci.

## III. Vocabulaire de référence & informations

### 美容院・理髪店 (びよういん・りはつてん) — Salon de coiffure pour femmes et pour hommes

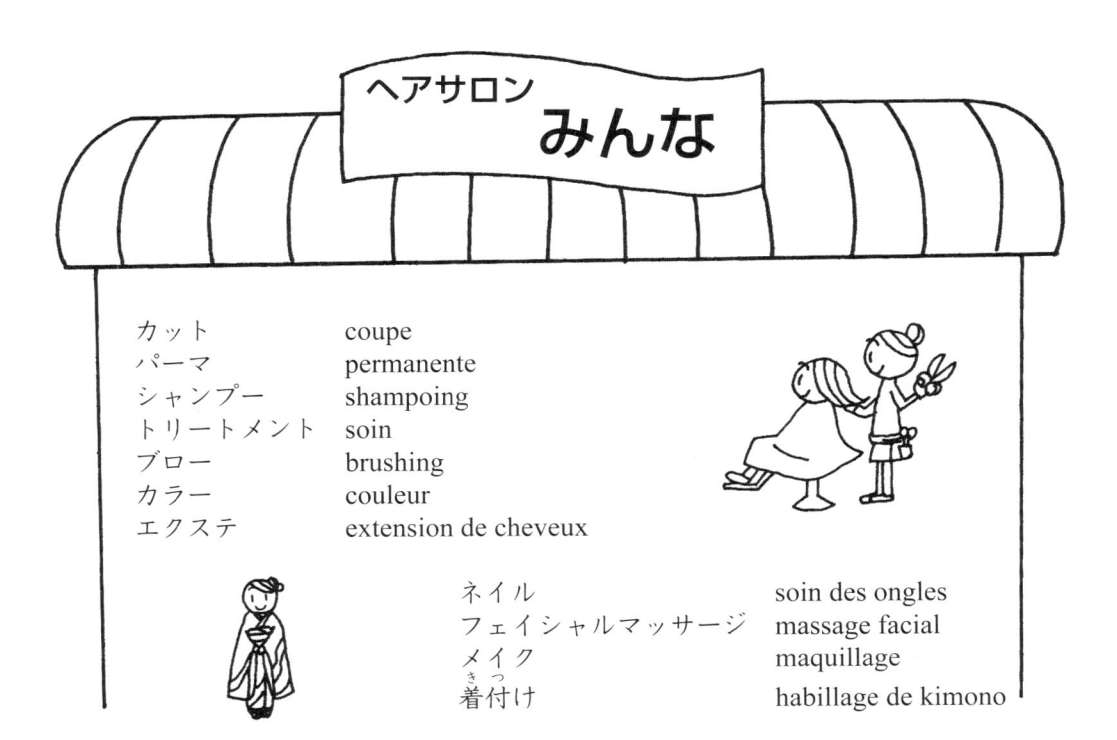

**ヘアサロン みんな**

| | |
|---|---|
| カット | coupe |
| パーマ | permanente |
| シャンプー | shampoing |
| トリートメント | soin |
| ブロー | brushing |
| カラー | couleur |
| エクステ | extension de cheveux |
| ネイル | soin des ongles |
| フェイシャルマッサージ | massage facial |
| メイク | maquillage |
| 着付け (きつけ) | habillage de kimono |

耳 (みみ) が見 (み) えるくらいに — de sorte que les oreilles soient dégagées.
肩 (かた) にかかるくらいに — de sorte que les cheveux tombent sur les épaules.
まゆが隠れるくらいに — de sorte que les sourcils soient cachés.
1センチくらい — environ un centimètre.
この写真 (しゃしん) みたいに — comme sur cette photo.

切 (き) ってください。 Coupez, s'il vous plaît

| | |
|---|---|
| 髪 (かみ) をとかす | peigner les cheveux de quelqu'un, se peigner |
| 髪 (かみ) を分 (わ) ける | (se) faire une raie |
| 髪 (かみ) をまとめる | (s')attacher les cheveux |
| 髪 (かみ) をアップにする | (se) faire un chignon |
| 髪 (かみ) を染 (そ) める | (se) teindre les cheveux |
| ひげ／顔 (かお) をそる | (se) raser |
| 化粧 (けしょう) ／メイクする | (se) maquiller |
| 三 (み) つ編 (あ) みにする | (se) faire des tresses |
| 刈 (か) り上げる | tondre |
| パーマをかける | faire une permanente |

## IV. Explications grammaticales

**1.** 
```
V ます -forme
い -adj (～い)    } すぎます
な -adj [な]
```

〜すぎます indique que le degré de l'action ou de l'état est excessif. En général, cette expression est utilisée lorsque l'action ou l'état est indésirable.

① ゆうべ お酒を 飲みすぎました。　J'ai trop bu d'alcool hier soir.

② この セーターは 大きすぎます。　Ce pull est trop grand.

[Note] 〜すぎます se conjugue comme les verbes du groupe II.

Ex. のみすぎる　のみすぎ(ない)　のみすぎた

③ 最近の 車は 操作が 簡単すぎて、運転が おもしろくないです。

Les voitures d'aujourd'hui sont trop faciles à manœuvrer, il n'y a plus de plaisir à les conduire.

④ いくら 好きでも、飲みすぎると、体に 悪いですよ。

Même si vous aimez boire, boire trop est mauvais pour la santé.

**2.**
```
V ます -forme { やすいです
              にくいです
```

1) Quand V ます -forme est un verbe volitif, 〜やすい signifie qu'il est facile de faire l'action dénotée par le verbe et 〜にくい signifie qu'il est difficile de faire cette action.

⑤ この パソコンは 使いやすいです。

Cet ordinateur est facile à utiliser.

⑥ 東京は 住みにくいです。

Il est difficile de vivre à Tokyo.

L'exemple ⑤ exprime la facilité d'utilisation de l'ordinateur et l'exemple ⑥ indique que Tokyo est une ville difficile à vivre.

2) Quand V ます -forme est un verbe non-volitif, 〜やすい indique que l'action dénotée par le verbe s'effectue facilement, tandis que 〜にくい indique que cette action ne se réalise pas facilement.

⑦ 白い シャツは 汚れやすいです。

Les chemises blanches se salissent facilement.

⑧ 雨の 日は 洗濯物が 乾きにくいです。

Les jours de pluie, le linge est difficile à sécher.

[Note] 〜やすい et 〜にくい se déclinent comme le い -adjectif.

⑨ この 薬は 砂糖を 入れると、飲みやすく なりますよ。

Ce médicament sera plus facile à boire si vous y mettez du sucre.

⑩ この コップは 割れにくくて、安全ですよ。

Ce verre ne casse pas facilement, donc il n'est pas dangereux.

3. $$\text{N}_1 \text{を} \begin{Bmatrix} \text{い -adj}(\sim\cancel{\text{い}}) \to \sim\text{く} \\ \text{な -adj}[\text{な}] \to \sim\text{に} \\ \text{N}_2 \text{に} \end{Bmatrix} \text{します}$$

L'expression ～く／～に なります, étudiée dans la leçon 19, indique que le sujet de la phrase se transforme, tandis que ～く／～に します indique que quelqu'un modifie l'objet (N₁) de la phrase.

⑪ 音を 大きく します。　　　　　J'augmente le volume.
⑫ 部屋を きれいに します。　　　Je nettoie la chambre.
⑬ 塩の 量を 半分に しました。　J'ai diminué la quantité de sel de moitié.

4. N に します

Cette structure de phrase indique le choix ou la décision.

⑭ 部屋は シングルに しますか、ツインに しますか。
　　Voulez-vous une chambre à un lit ou à deux lits?
⑮ 会議は あしたに します。
　　Nous avons décidé de faire la réunion demain.

# Leçon 45

## I. Vocabulaire

| | | |
|---|---|---|
| しんじます II | 信じます | croire |
| キャンセルします III | | annuler |
| しらせます II | 知らせます | informer, annoncer, avertir |
| ほしょうしょ | 保証書 | bon de garantie |
| りょうしゅうしょ | 領収書 | quittance, reçu |
| キャンプ | | camping |
| ちゅうし | 中止 | annulation, suspension, interruption |
| てん | 点 | point, note |
| うめ | 梅 | (fleur de) prunier |
| 110ばん | 110番 | numéro d'appel d'urgence de la police |
| 119ばん | 119番 | numéro d'appel d'urgence des sapeurs-pompiers |
| きゅうに | 急に | soudain, tout d'un coup, à la dernière minute |
| むりに | 無理に | de force, de manière déraisonnable |
| たのしみに して います | 楽しみに して います | attendre qqch. avec plaisir |
| いじょうです。 | 以上です。 | C'est tout./Voilà. |

〈会話〉
係員　　　　　　　　　　　　　organisateur
コース　　　　　　　　　　　　parcours, itinéraire
スタート　　　　　　　　　　　départ
一位　　　　　　　　　　　　　en —ème place
優勝しますⅢ　　　　　　　　　remporter la victoire, gagner le premier
　　　　　　　　　　　　　　　　prix

〈読み物〉
悩み　　　　　　　　　　　　　souci, ennui
目覚まし[時計]　　　　　　　　réveil, réveille-matin
目が覚めますⅡ　　　　　　　　se réveiller
大学生　　　　　　　　　　　　étudiant
回答　　　　　　　　　　　　　réponse（〜します：répondre）
鳴りますⅠ　　　　　　　　　　sonner
セットしますⅢ　　　　　　　　mettre (le réveil à — heures)
それでも　　　　　　　　　　　malgré cela, toutefois

## II. Traduction

**Structures-clés**
1. Si vous perdez votre carte, veuillez prévenir immédiatement la société de cartes de crédit.
2. Bien que nous ayons convenu d'un rendez-vous, elle n'est pas venue.

**Phrases-type**
1. Si les trains sont arrêtés à cause de tremblement de terre, ne cherchez pas à rentrer à tout prix, restez dormir au bureau.
   ……Oui, d'accord.
2. Voici la garantie de cet ordinateur. S'il ne marche pas bien, contactez ce numéro.
   ……Oui, je vois.
3. Excusez-moi, est-ce que je peux avoir un reçu pour les photocopies dans cette bibliothèque?
   ……Oui. Vous pouvez nous le demander si vous en avez besoin.
4. N'utilisez jamais l'ascenseur en cas d'incendie ou de tremblement de terre.
   ……Oui, d'accord.
5. Votre discours s'est bien passé?
   ……Non. Bien que je l'aie appris par cœur en m'entraînant sans répit, je l'ai oublié en plein milieu...
6. Les cerisiers sont en fleur alors que nous sommes en hiver.
   ……Ah, ce ne sont pas des fleurs de cerisier! Ce sont des fleurs de prunier.

**Conversation**

Qu'est-ce qu'il faut faire si je me trompe de chemin?

| | |
|---|---|
| Organisateur: | Mesdames, Messieurs, je vous rappelle que c'est un marathon pour la promotion de la santé, donc ne forcez pas. |
| | Si vous vous sentez mal, dites-le tout de suite à un des organisateurs. |
| Tous les participants: | D'accord. |
| Participant 1: | Excusez-moi, qu'est-ce qu'il faut faire si je me trompe de chemin? |
| Organisateur: | Faites demi-tour jusqu'au dernier point du parcours qui était indiqué et continuez. |
| Participant 2: | Excusez-moi, si on a envie d'abandonner au milieu du parcours, qu'est-ce qu'il faut faire? |
| Organisateur: | Dans ce cas-là, dites votre nom à un organisateur qui se trouve près de vous, et vous pouvez rentrer. Bien, c'est l'heure du départ. |
| | ………………………………………… |
| Suzuki: | M. Miller, comment s'est passé le marathon? |
| Miller: | J'ai fini en deuxième place. |
| Suzuki: | En deuxième place? Vous êtes fort! |
| Miller: | Non. Je suis déçu de ne pas avoir gagné le premier prix, alors que je me suis entraîné énormément. |
| Suzuki: | Vous savez, vous aurez une autre chance l'année prochaine. |

## III. Vocabulaire de référence & informations

### 病院　À l'hôpital

**みんなの病院**

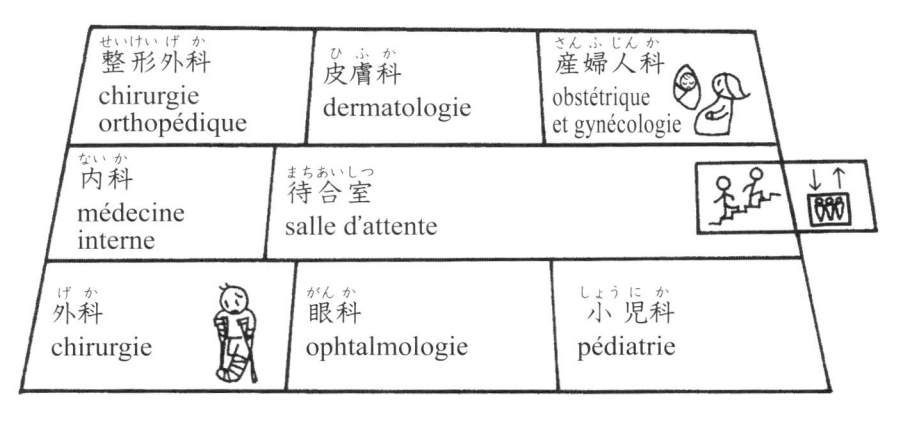

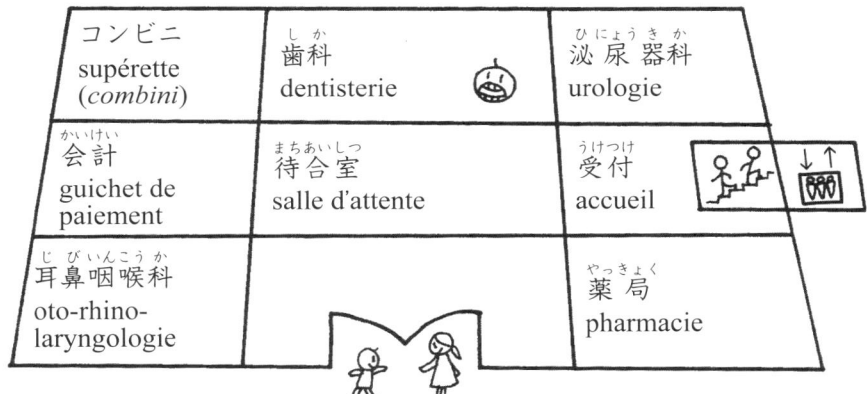

| 整形外科 chirurgie orthopédique | 皮膚科 dermatologie | 産婦人科 obstétrique et gynécologie |
|---|---|---|
| 内科 médecine interne | 待合室 salle d'attente | |
| 外科 chirurgie | 眼科 ophtalmologie | 小児科 pédiatrie |

| コンビニ supérette (*combini*) | 歯科 dentisterie | 泌尿器科 urologie |
|---|---|---|
| 会計 guichet de paiement | 待合室 salle d'attente | 受付 accueil |
| 耳鼻咽喉科 oto-rhino-laryngologie | | 薬局 pharmacie |

| | |
|---|---|
| 診察する | examiner, donner une consultation |
| 検査する | faire des examens, analyses |
| 注射する | faire une piqûre |
| レントゲンを撮る | faire une radiographie |
| 入院／退院する | entrer à l'hôpital/ sortir de l'hôpital |
| 手術する | opérer |
| 麻酔する | anesthésier |

| | |
|---|---|
| 処方箋 | ordonnance |
| カルテ | dossier médical |
| 保険証 | carte d'assurance |
| 診察券 | fiche de consultation |

薬の種類　type de médicaments
痛み止め／湿布薬／解熱剤
calmant/emplâtre analgésique/antipyrétiques
錠剤／粉薬／カプセル
comprimé/médicament en poudre/capsule

## IV. Explications grammaticales

1. $\left.\begin{array}{l}\text{V en forme dictionnaire}\\ \text{V ない -forme ない}\\ \text{V た -forme}\\ \text{い -adj（〜い）}\\ \text{な -adj な}\\ \text{N の}\end{array}\right\}$ 場合は、〜

〜ばあい est une expression utilisée pour supposer une situation. La phrase qui vient après indique comment faire dans ce cas ou quelles sont les conséquences. Le mot ばあい étant un nom, la forme de combinaison est identique qu'en cas de qualification nominale.

① 会議に 間に 合わない 場合は、連絡して ください。
   Au cas où vous ne pourriez pas arriver à l'heure à la réunion, prévenez-nous.
② 時間に 遅れた 場合は、会場に 入れません。
   Si vous êtes en retard, vous ne serez pas autorisé à entrer dans la salle.
③ パソコンの 調子が 悪い 場合は、どう したら いいですか。
   Dans le cas où l'ordinateur ne marcherait pas bien, que dois-je faire?
④ 領収書が 必要な 場合は、言って ください。
   Si vous avez besoin d'un reçu, dites-le-moi.
⑤ 火事や 地震の 場合は、エレベーターを 使わないで ください。
   En cas d'incendie ou de tremblement de terre, n'utilisez pas l'ascenseur.

2. $\left.\begin{array}{l}\text{V}\\ \text{い -adj}\\ \text{な -adj}\\ \text{N}\end{array}\right\}$ $\left.\begin{array}{l}\text{forme neutre}\\ \text{forme neutre}\\ \text{〜だ→〜な}\end{array}\right\}$ のに、〜

のに s'emploie pour indiquer que ce qui est dit dans la seconde partie est contradictoire avec ce qu'on attend naturellement dans la première partie. En général, cette structure exprime un sentiment de surprise ou de mécontentement.

⑥ 約束を したのに、彼女は 来ませんでした。
   Bien que nous ayons convenu d'un rendez-vous, elle n'est pas venue.
⑦ きょうは 日曜日なのに、働かなければ なりません。
   Je dois travailler alors que nous sommes dimanche aujourd'hui.

Dans l'exemple ⑥, le locuteur s'attendait à ce qu'elle vienne. Or, cette attente naturellement découlant de la première partie (nous avons convenu d'un rendez-vous) est finalement trahie et la phrase exprime un sentiment de déception.

Dans l'exemple ⑦, la première partie (dimanche) laisse naturellement supposer que le locuteur ne travaille pas. Or, contrairement à cette attente, il doit travailler, donc cette phrase avec のに exprime un sentiment de mécontentement.

[Note 1] Différence entre ～のに et ～が.
Dans les exemples ⑥ et ⑦, si l'on remplace のに par が, les phrases n'expriment plus un sentiment de surprise ni un sentiment de mécontentement.

⑧ 約束を しましたが、彼女は 来ませんでした。
　　Nous avons convenu d'un rendez-vous, mais elle n'est pas venue.

⑨ きょうは 日曜日ですが、働かなければ なりません。
　　Nous sommes dimanche aujourd'hui, mais je dois travailler.

[Note 2] Différence entre ～のに et ～ても.
～のに exprime le sentiment du locuteur sur ce qui s'est passé, mais ne peut pas exprimer la conjonction adversative hypothétique comme ～ても.

⑩ あした 雨が 降っても、サッカーを します。
　　Demain je vais jouer au football même s'il pleut.

　×あした 雨が 降るのに、サッカーを します。

# Leçon 46

## I. Vocabulaire

| | | |
|---|---|---|
| わたします I | 渡します | passer, remettre qqch. à qqn. |
| かえって きます III | 帰って 来ます | revenir |
| でます II<br>［バスが〜］ | 出ます | [le bus] partir |
| とどきます I<br>［にもつが〜］ | 届きます<br>［荷物が〜］ | [le paquet] arriver |
| にゅうがくします III<br>［だいがくに〜］ | 入学します<br>［大学に〜］ | entrer [à l'université] |
| そつぎょうします III<br>［だいがくを〜］ | 卒業します<br>［大学を〜］ | sortir [de l'université], finir ses études [de l'université] |
| やきます I | 焼きます | (faire) cuire, griller, (faire) rôtir |
| やけます II<br>［パンが〜］<br>［にくが〜］ | 焼けます<br>［肉が〜］ | [le pain] cuire, être cuit<br>[la viande] griller, être grillée |
| るす | 留守 | absence |
| たくはいびん | 宅配便 | service de livraison à domicile, paquet livré à domicile |
| げんいん | 原因 | cause |
| こちら | | mon côté |
| 〜の ところ | 〜の 所 | là où il y a 〜, près de 〜, chez 〜 |
| はんとし | 半年 | semestre, six mois |
| ちょうど | | juste, exactement |
| たったいま | たった今 | à l'instant même (utilisé avec la forme au passé, indiquant l'accomplissement) |
| いま いいですか。 | 今 いいですか。 | Je ne vous dérange pas maintenant? |

## 〈会話〉

| | |
|---|---|
| ガスサービスセンター | centre de service du gaz |
| ガスレンジ | cuisinière à gaz |
| 具合 | état, fonctionnement |
| 申し訳ありません。 | Excusez-moi. |
| どちら様でしょうか。 | Puis-je connaître votre nom? |
| お待たせしました。 | Excusez-moi de vous avoir fait attendre. |
| 向かいますⅠ | être en route pour, se diriger vers |

## 〈読み物〉

| | |
|---|---|
| ついて いますⅡ | avoir de la chance |
| 床 | sol, plancher |
| 転びますⅠ | tomber (en glissant, etc.) |
| ベル | sonnette |
| 鳴りますⅠ | sonner |
| 慌てて | précipitamment |
| 順番に | par ordre |
| 出来事 | incident |

## II. Traduction

### Structures-clés
1. La réunion va commencer maintenant.
2. Il vient de finir ses études universitaires en mars.
3. M. Miller doit être dans la salle de réunion.

### Phrases-type
1. Allô, c'est Tanaka. Je ne vous dérange pas?
    ……Excusez-moi. Je vais monter dans le train maintenant.
       Je vous rappelle plus tard.
2. Avez-vous trouvé la cause de la panne?
    ……Non. Nous sommes en train de la chercher.
3. Est-ce que Mlle Watanabe est là?
    ……Ah, elle vient de partir à l'instant même.
       Il est possible qu'elle soit encore près de l'ascenseur.
4. Qu'est-ce que vous pensez de votre travail?
    ……Je ne suis entré dans cette société que le mois dernier et je ne peux pas encore dire.
5. J'ai acheté cette caméra vidéo la semaine dernière mais elle ne marche plus.
    ……Eh bien, montrez-la-moi s'il vous plaît.
6. Est-ce que M. Miller n'est toujours pas arrivé?
    ……Il m'a appelé depuis la gare, donc il devrait arriver bientôt.

### Conversation
**Bien qu'on vienne de la faire réparer la semaine dernière, de nouveau (elle est tombée en panne)...**

Agent : Bonjour, ici le centre de service du gaz.
Thawaphon : Euh, la cuisinière à gaz ne marche pas bien...
Agent : Que se passe-t-il?
Thawaphon : Le feu s'éteint de nouveau alors qu'on vient de la faire réparer la semaine dernière. C'est dangereux. Pourrez-vous venir la regarder tout de suite?
Agent : D'accord. Je pense que nous pourrons être là vers cinq heures.
Pourriez-vous me donner votre nom et votre adresse s'il vous plaît?
 …………………………………………………………
Thawaphon : Allô, quelqu'un devait venir pour la cuisinière à gaz vers cinq heures. Quand va-t-il arriver?
Agent : Excusez-moi, puis-je connaître votre nom?
Thawaphon : Je m'appelle Thawaphon.
Agent : Ne quittez pas. Je vais contacter le réparateur.
 …………………………………………………………
Agent : Excusez-moi de vous avoir fait attendre. Il est actuellement en route.
Il devrait être chez vous dans dix minutes environ.

# III. Vocabulaire de référence & informations

## かたかな語のルーツ　　Origine des mots en katakana

Il existe un grand nombre de mots d'origine étrangère et ils s'écrivent en katakana. Parmi ces mots écrits en katakana, la plupart proviennent de l'anglais, mais aussi du français, du néerlandais, de l'allemand et du portugais, entre autres. De plus, un certain nombre de mots en katakana ont été créés au Japon à partir de mots étrangers.

| | 食べ物・飲み物<br>nourriture et boisson | 服飾<br>vêtements | 医療関係<br>médecine, santé | 芸術<br>arts | その他<br>autres |
|---|---|---|---|---|---|
| 英語 | ジャム　ハム<br>confiture jambon<br>クッキー<br>biscuit<br>チーズ<br>fromage | エプロン<br>tablier<br>スカート<br>jupe<br>スーツ<br>costume, tailleur | インフルエンザ<br>grippe<br>ストレス<br>stress | ドラマ<br>série télévisée<br>コーラス<br>chœur<br>メロディー<br>mélodie | スケジュール<br>programme<br>ティッシュペーパー<br>mouchoirs en papier<br>トラブル　レジャー<br>ennui　loisir |
| フランス語 | コロッケ<br>croquette<br>オムレツ<br>omelette | ズボン<br>pantalon<br>ランジェリー<br>lingerie | | バレエ<br>ballet<br>アトリエ<br>atelier | アンケート<br>enquête<br>コンクール<br>concours |
| ドイツ語 | フランクフルト<br>［ソーセージ］<br>saucisse de Francfort | | レントゲン<br>rayons X<br>アレルギー<br>allergie | メルヘン<br>conte de fées | アルバイト<br>petit job, travail occasionnel<br>エネルギー<br>énergie<br>テーマ<br>thème, sujet |
| オランダ語 | ビール<br>bière<br>コーヒー<br>café | ホック<br>agrafe<br>ズック<br>chaussures en toile | メス<br>bistouri<br>ピンセット<br>pincette | オルゴール<br>boîte à musique | ゴム<br>caoutchouc, gomme<br>ペンキ<br>peinture<br>ガラス<br>verre, vitre |
| ポルトガル語 | パン<br>pain<br>カステラ<br>génoise à la japonaise | ビロード<br>velours<br>ボタン<br>bouton | | | カルタ<br>jeu de cartes japonais |
| イタリア語 | マカロニ　パスタ<br>macaroni　pâtes<br>スパゲッティ<br>spaghetti | | | オペラ<br>opéra | |

## IV. Explications grammaticales

**1.**
```
V en forme dictionnaire
V て -forme いる        } ところです
V た -forme
```

ところ qui sera abordé dans cette leçon s'emploie pour décrire un aspect d'une action ou d'un évènement.

1) V en forme dictionnaire ところです

Cette structure de phrase indique qu'on s'apprête à faire quelque chose ou que quelque chose est sur le point de commencer. Les adverbes tels que これから, [ちょうど]いまから s'emploient très souvent avec cette expression.

① 昼ごはんは もう 食べましたか。
……いいえ、これから 食べる ところです。
Avez-vous déjà déjeuné?
…… Non, j'allais manger maintenant.

② 会議は もう 始まりましたか。
……いいえ、今から 始まる ところです。
Est-ce que la réunion a déjà commencé?
…… Non, elle va commencer maintenant.

2) V て -forme いる ところです

Cette structure de phrase indique qu'on est en train de faire une action ou qu'une action est en train de se produire. Elle s'accompagne souvent du mot いま.

③ 故障の 原因が わかりましたか。
……いいえ、今 調べて いる ところです。
Avez-vous trouvé la cause de la panne?
…… Non. Nous sommes en train de la chercher.

3) V た -forme ところです

Cette structure de phrase indique que l'on vient de terminer une action ou qu'une action vient de s'achever. Elle s'accompagne souvent de l'adverbe comme たったいま.

④ 渡辺さんは いますか。
……あ、たった今 帰った ところです。
Est-ce que Mlle Watanabe est là?
…… Ah, elle vient tout juste de partir.

⑤ たった今 バスが 出た ところです。
Le bus vient de partir à l'instant même.

[Note] 〜ところです est une phrase nominale et peut se relier, en tant que phrase nominale, à différents types de structure.

⑥ もしもし 田中ですが、今 いいでしょうか。
……すみません。今から 出かける ところなんです。
Allô. C'est Tanaka. Je ne vous dérange pas maintenant?
…… Je suis désolé. J'allais sortir maintenant.

## 2. V た -forme ばかりです

Cette structure de phrase s'emploie également par le locuteur pour exprimer l'impression que peu de temps s'est écoulé depuis qu'une action ou un fait s'est produit. Elle peut être utilisée quelle que soit la durée réelle du temps écoulé tant que le locuteur la trouve courte. Cette structure se distingue de V た -forme ところです par ce point-là.

⑦ さっき 昼ごはんを 食べた ばかりです。
　　Je viens de déjeuner il n'y a pas longtemps.

⑧ 木村さんは 先月 この 会社に 入った ばかりです。
　　Mme Kimura n'est entrée dans cette compagnie que le mois dernier.

[Note] 〜ばかりです est une phrase nominale et peut se relier, en tant que phrase nominale, à différents types de structure.

⑨ この ビデオは 先週 買った ばかりなのに、調子が おかしいです。
　　Ce magnétoscope ne marche pas bien alors que je viens de l'acheter la semaine dernière.

## 3.

| V en forme dictionnaire |   |
|---|---|
| V ない -forme ない |   |
| い -adj (〜い) | はずです |
| な -adj な |   |
| N の |   |

Cette structure de phrase est utilisée lorsque le locuteur exprime avec conviction un jugement rendu par lui-même sur des fondements.

⑩ ミラーさんは きょう 来るでしょうか。
　　……来る はずですよ。きのう 電話が ありましたから。
　　Croyez-vous que M. Miller viendra aujourd'hui?
　　…… Je suis sûr qu'il viendra. Il m'a téléphoné hier.

Dans l'exemple ⑩, «le coup de téléphone d'hier» est le fondement du jugement «M. Miller viendra aujourd'hui» du locuteur. Le locuteur utilise 〜はずです pour exprimer qu'il est certain de son jugement.

# Leçon 47

## I. Vocabulaire

| | | |
|---|---|---|
| ふきますⅠ [かぜが～] | 吹きます [風が～] | [le vent] souffler |
| もえますⅡ [ごみが～] | 燃えます | [l'ordure] brûler |
| なくなりますⅠ | 亡くなります | décéder (expression euphémique de しにます) |
| あつまりますⅠ [ひとが～] | 集まります [人が～] | [les gens] s'attrouper, se rassembler |
| わかれますⅡ [ひとが～] | 別れます [人が～] | [les gens] se séparer, se quitter |
| しますⅢ [おと／こえが～] | [音／声が～] | [le bruit/la voix] s'entendre |
| [あじが～] | [味が～] | avoir [un/le goût de...] |
| [においが～] | | avoir [une odeur de...], sentir |
| きびしい | 厳しい | sévère, strict, dur |
| ひどい | | affreux, terrible, violent |
| こわい | 怖い | horrible, effrayant, redoutable |
| じっけん | 実験 | expérience |
| データ | | donnée |
| じんこう | 人口 | population |
| におい | | odeur |
| かがく | 科学 | science |
| いがく* | 医学 | médecine |
| ぶんがく | 文学 | littérature |
| パトカー | | voiture de police |
| きゅうきゅうしゃ | 救急車 | ambulance |
| さんせい | 賛成 | accord, approbation, consentement |
| はんたい | 反対 | opposition, objection |
| だいとうりょう | 大統領 | président |
| ～に よると | | d'après ～, selon ～ (expression indiquant la source d'information) |

## 〈会話〉

| | |
|---|---|
| 婚約します Ⅲ | se fiancer |
| どうも | (terme souvent utilisé avec l'expression de conjecture: il me semble bien que...) |
| 恋人 | amoureux, amoureuse, petit(e) ami(e) |
| 相手 | l'autre personne, partenaire |
| 知り合います Ⅰ | faire connaissance |

## 〈読み物〉

| | |
|---|---|
| 化粧 | maquillage (～を します：se maquiller, maquiller qqn.) |
| 世話を します Ⅲ | s'occuper de qqn. |
| 女性 | femme, dame |
| 男性 | homme |
| 長生き | longue vie (～します：vivre longtemps) |
| 理由 | raison |
| 関係 | relation |

## II. Traduction

**Structures-clés**
1. D'après la météo, il fera froid demain.
2. J'ai l'impression qu'il y a quelqu'un dans la pièce d'à côté.

**Phrases-type**
1. J'ai lu dans le journal qu'il y aura un concours de discours en japonais en janvier. Ne voudriez-vous pas y participer, M. Miller?
   ……Eh bien. Je vais y réfléchir.
2. On m'a dit que Klara habitait en France quand elle était enfant.
   ……C'est pour cela qu'elle comprend aussi le français.
3. Il paraît que le nouveau dictionnaire électronique de Power Electric est très bien et facile à utiliser.
   ……Oui, c'est vrai. Je l'ai déjà acheté.
4. Il paraît que M. Watt est un professeur sévère, est-ce vrai?
   ……Oui. Mais son cours est très intéressant.
5. J'entends des voix enjouées.
   ……Oui, on dirait qu'ils font une fête ou quelque chose de ce genre.
6. Il y a un attroupement de personnes là-bas.
   ……On dirait qu'il y a eu un accident. Je vois une voiture de police et une ambulance.

**Conversation**

### Il paraît qu'elle s'est fiancée.

Watanabe: Je vous laisse. Bonne soirée.
Takahashi: Mlle Watanabe, attendez-moi. Moi aussi, je vais rentrer.
Watanabe: Je suis désolée, mais je suis un peu pressée.
　　　　　………………………………………………
Takahashi: Mlle Watanabe part tôt ces derniers temps.
　　　　　J'ai l'impression qu'elle s'est fait un petit ami.
Hayashi: Ah, vous n'êtes pas au courant? J'ai entendu dire qu'elle s'est fiancée récemment.
Takahashi: Vraiment? Qui est son fiancé?
Hayashi: C'est M. Suzuki d'IMC.
Takahashi: Vraiment? M. Suzuki?
Hayashi: Oui. Il paraît qu'ils se sont rencontrés au mariage de M. Watt.
Takahashi: Ah bon.
Hayashi: À propos, et vous, M. Takahashi?
Takahashi: Moi? Mon travail est ma petite amie.

# III. Vocabulaire de référence & informations

## 擬音語・擬態語（ぎおんご・ぎたいご） Onomatopées

| | | |
|---|---|---|
| ザーザー（降る）<br>(il pleut) à verse/des cordes | ピューピュー（吹く）<br>(le vent souffle) fort | ゴロゴロ（鳴る）<br>(le tonnerre) gronder |
| ワンワン（ほえる）<br>ouah! ouah! (aboyer) | ニャーニャー（鳴く）<br>miaou (miauler) | カーカー（鳴く）<br>croa-croa (croasser) |
| げらげら（笑う）<br>(rire) aux éclats | しくしく（泣く）<br>sangloter | きょろきょろ（見る）<br>(regarder) sans cesse autour de soi |
| ぱくぱく（食べる）<br>(manger) avec appétit | ぐうぐう（寝る）<br>(dormir) à poings fermés | すらすら（読む）<br>(lire) couramment |
| ざらざら（している）<br>(être) rugueux, rêche | べたべた（している）<br>(être) collant | つるつる（している）<br>(être) lisse, glissant |

## IV. Explications grammaticales

**1.** | **Forme neutre そうです** | J'ai entendu dire que.../Il paraît que...

Cette expression s'emploie lorsque le locuteur rapporte à l'interlocuteur une information obtenue d'une autre source sans ajouter sa propre opinion. Quand la source d'information est précisée, elle est indiquée par 〜に よると en tête de phrase.

① 天気予報に よると、あしたは 寒く なるそうです。
   D'après la météo, il fera froid demain.

② クララさんは 子どもの とき、フランスに 住んで いたそうです。
   On m'a dit que Klara habitait en France quand elle était enfant.

③ バリは とても きれいだそうです。
   Il paraît que l'île de Bali est très jolie.

[Note 1] Notez que cette structure est différente de 〜そうです que vous avez appris dans la leçon 43, aussi bien au niveau du sens qu'au niveau du mode de combinaison. Comparons les exemples suivants.

④ 雨が 降りそうです。    On dirait qu'il va pleuvoir. (L.43)
⑤ 雨が 降るそうです。    Il paraît qu'il va pleuvoir.
⑥ この 料理は おいしそうです。  Ce plat a l'air délicieux. (L.43)
⑦ この 料理は おいしいそうです。 Il paraît que ce plat est délicieux.

[Note 2] Différence entre 〜そうです (ouï-dire) et 〜と いって いました (L.33).

⑧ ミラーさんは あした 京都へ 行くそうです。
   Il paraît que M. Miller ira à Kyoto demain.

⑨ ミラーさんは あした 京都へ 行くと 言って いました。
   M. Miller m'a dit qu'il irait à Kyoto demain.

Dans l'exemple ⑨, la source d'information est M. Miller lui-même, tandis que dans ⑧, elle peut être quelqu'un d'autre.

**2.**

| V | forme neutre | |
|---|---|---|
| い-adj | forme neutre | ようです |
| な-adj | forme neutre 〜だ→〜な | |
| N | forme neutre 〜だ→〜の | |

Il me semble que.../On dirait que.../J'ai l'impression que...

〜ようです est une expression utilisée pour décrire ce que le locuteur a conclu d'après l'observation de la situation. Elle peut s'accompagner d'un adverbe どうも qui signifie «ne pouvant tout de même pas affirmer avec certitude».

⑩ 人が 大勢 集まって いますね。
   ……事故のようですね。パトカーと 救急車が 来て いますよ。
   Il y a un attroupement de personnes là-bas.
   …… On dirait qu'il y a eu un accident. Je vois une voiture de police et une ambulance.

⑪ せきも 出るし、頭も 痛い。どうも かぜを ひいたようだ。
   Je tousse et j'ai mal à la tête. On dirait que j'ai attrapé froid.

[Note] Différence entre 〜そうです (L.43) et 〜ようです.

⑫　ミラーさんは 忙(いそが)しそうです。　　M. Miller a l'air occupé.

⑬　ミラーさんは 忙(いそが)しいようです。　Il semble que M. Miller est occupé.

L'exemple ⑫ décrit simplement l'apparence extérieure de M. Miller, tandis que l'exemple ⑬ exprime le jugement du locuteur basé sur une certaine circonstance (ex. M. Miller est difficile à contacter, M. Miller n'est pas venu à la soirée à laquelle il devait participer, etc.).

**3.** 　声(こえ)／音(おと)／におい／味(あじ)が します

⑭　にぎやかな 声(こえ)が しますね。

　　　On entend des voix enjouées, n'est-ce pas?

Cette expression indique que le locuteur perçoit quelque chose avec un de ses sens, par exemple une voix, un son, une odeur, un goût, etc.

# Leçon 48

## I. Vocabulaire

| | | |
|---|---|---|
| おろします I | 降ろします、下ろします | descendre, décharger |
| とどけます II | 届けます | livrer, envoyer |
| せわを します III | 世話を します | s'occuper de qqn. |
| ろくおんします III | 録音します | enregistrer |
| いや[な] | 嫌[な] | ne pas aimer, déplaisant |
| じゅく | 塾 | cours privé, cours du soir（pour le soutien, le concours, etc.） |
| せいと | 生徒 | élève |
| ファイル | | classeur |
| じゆうに | 自由に | librement, en toute liberté |
| 〜かん | 〜間 | pendant 〜（pour la durée） |
| いい ことですね。 | | C'est bien. |

**〈会話〉**

お忙(いそが)しいですか。　　　　　Êtes-vous occupé? (utilisé lorsqu'on s'adresse à qqn. de supérieur ou de plus âgé)

営業(えいぎょう)　　　　　　　　vente, activité commerciale
それまでに　　　　　　　avant cela, d'ici là
かまいません。　　　　　Je n'y vois pas d'inconvénient.
楽(たの)しみますⅠ　　　　　　s'amuser

**〈読み物〉**

親(おや)　　　　　　　　　　parent
小学生(しょうがくせい)　　　　　　　　écolier
－パーセント　　　　　　－ pour cent (%)
その次(つぎ)　　　　　　　　ensuite
習字(しゅうじ)　　　　　　　　calligraphie
普通(ふつう)の　　　　　　　　courant, ordinaire

## II. Traduction

**Structures-clés**
1. Je vais envoyer mon fils étudier en Angleterre.
2. Je vais faire apprendre le piano à ma fille.

**Phrases-type**
1. Il paraît que les entraînements sont durs dans ce club de foot, n'est-ce pas?
   ……Oui, on fait courir les enfants un kilomètre tous les jours.
2. Il faut que je parte.
   ……Ah, attendez une minute s'il vous plaît.
   Je vais envoyer mon fils vous accompagner jusqu'à la gare.
3. Est-ce que Hans apprend quelque chose en dehors des cours à l'école?
   ……Oui. Comme il a dit qu'il voulait apprendre le judo, nous l'envoyons au cours de judo.
4. Comment est Mme Ito en tant qu'enseignante?
   ……C'est une bonne enseignante. Elle fait lire aux élèves les livres qu'ils aiment, et leur laisse exprimer librement leur opinion.
5. Excusez-moi. Pourriez-vous me laisser garer ma voiture ici quelques instants?
   ……Oui, pas de souci.

**Conversation**

### Pourriez-vous m'autoriser à prendre des congés?

| | |
|---|---|
| Miller: | Mme Nakamura? Êtes-vous occupée maintenant? |
| Chef de service Nakamura: | Non, allez-y. |
| Miller: | J'ai une faveur à vous demander. |
| Chef de service Nakamura: | De quoi s'agit-il? |
| Miller: | Euh... Pourriez-vous m'autoriser à prendre une dizaine de jours de congé à partir du 7 du mois prochain? |
| Chef de service Nakamura: | Une dizaine de jours... |
| Miller: | En fait, un ami aux États-Unis va se marier. |
| Chef de service Nakamura: | Je vois. |
| | Eh bien, le mois prochain, nous aurons une réunion des ventes le 20, mais vous pourrez revenir avant, n'est-ce pas? |
| Miller: | Oui. |
| Chef de service Nakamura: | Dans ce cas-là, je ne vois pas d'inconvénient. Passez un bon moment. |
| Miller: | Merci beaucoup. |

## III. Vocabulaire de référence & informations

### しつける・鍛える　　Discipline

子どもに何をさせますか。　Que ferez-vous faire à vos enfants?

- 自然の中で遊ぶ
  jouer dans la nature

- スポーツをする
  faire du sport

- 一人で旅行する
  voyager tout seul

- いろいろな経験をする
  vivre diverses expériences

- いい本をたくさん読む
  lire beaucoup de bons livres

- お年寄りの話を聞く
  écouter les personnes âgées

- ボランティアに参加する
  participer à des activités de bénévolat

- うちの仕事を手伝う
  aider à faire le ménage

- 弟や妹、おじいちゃん、おばあちゃんの世話をする
  s'occuper de leurs petits frères, petites sœurs, grand-père et grand-mère

- 自分がやりたいことをやる
  faire ce qu'ils veulent faire

- 自分のことは自分で決める
  prendre une décision par eux-mêmes

- 自信を持つ
  avoir confiance en soi

- 責任を持つ
  assumer la responsabilité

- 我慢する
  être patient

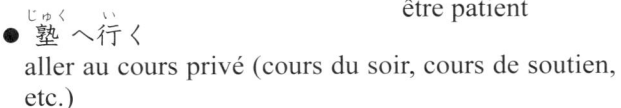

- 塾へ行く
  aller au cours privé (cours du soir, cours de soutien, etc.)

- ピアノや英語を習う
  apprendre le piano, l'anglais, etc.

## IV. Explications grammaticales

### 1. Verbes causatifs

|   |   | Verbes causatifs |   |
|---|---|---|---|
|   |   | forme polie | forme neutre |
| I | いきます | いかせます | いかせる |
| II | たべます | たべさせます | たべさせる |
| III | きます | こさせます | こさせる |
|   | します | させます | させる |

(Voir Livre principal L.48 Exercice A1)

Les verbes causatifs se conjuguent comme les verbes du groupe II.
Ex. かかせます　かかせる　かかせ(ない)　かかせて

### 2. Phrases avec un causatif

Il existe deux types de phrases utilisant le verbe causatif: celle dans laquelle l'agent est marqué par を d'une part et d'autre part, celle dont l'agent est marqué par に. Les verbes intransitifs prennent, en règle générale, を comme dans les exemples dans 1), tandis que les verbes transitifs utilisent に comme dans les exemples dans 2).

1) N(personne)を　verbe causatif(intransitif)　　faire/laisser V(intransitif) qqn.

① 部長は　ミラーさんを　アメリカへ　出張させます。
Le directeur envoie M. Miller en voyage d'affaires aux États-Unis.

② わたしは　娘を　自由に　遊ばせました。
J'ai laissé ma fille jouer librement.

[Note] Quand un verbe intransitif est employé avec N (lieu) を dans une phrase, l'agent est marqué par に.

③ わたしは　子どもに　道の　右側を　歩かせます。
Je fais marcher mon enfant à droite dans la rue.

2) N₁(personne)に　N₂を　verbe causatif(transitif)　　faire V(transitif) qqch./qqn. par qqn./ laisser qqn. V qqch./qqn.

④ 朝は　忙しいですから、娘に　朝ごはんの　準備を　手伝わせます。
Comme je suis occupée le matin, je me fais aider par ma fille pour préparer le petit déjeuner.

⑤ 先生は　生徒に　自由に　意見を　言わせました。
Le professeur a laissé les élèves exprimer librement leur opinion.

### 3. Utilisations des verbes causatifs

Les verbes causatifs expriment soit l'obligation, soit la permission. Ils sont utilisés lorsque la personne hiérarchiquement supérieure (ex. le parent, le grand frère, le supérieur...) oblige quelqu'un d'inférieur (ex. enfant, le petit frère, le subalterne...) à faire quelque chose ou laisse faire ce dernier quelque chose. Les phrases ①, ③ et ④ ci-dessus sont des exemples de l'obligation et les phrases ② et ⑤ sont des exemples de la permission.

[Note] En règle générale, quelqu'un dont le statut est inférieur ne peut pas utiliser le verbe causatif à l'égard d'une personne dont le statut est supérieur car ce premier n'est pas en position d'obliger ou d'autoriser ce dernier à faire quelque chose. Pour exprimer le fait que quelqu'un fait faire quelque chose (ex. せつめいします dans l'exemple ⑥ ci-dessous) à quelqu'un de supérieur (ex. ぶちょう dans l'exemple ⑥), les expressions de bénéfice telles que V て -forme いただきます, V て -forme もらいます, etc. sont à utiliser. Ces expressions peuvent être utilisées pour décrire le fait que quelqu'un reçoit un bénéfice de quelqu'un, y compris quelqu'un du statut égal ou inférieur, comme dans l'exemple ⑦.

⑥ わたしは 部長に 説明して いただきました。
　　Le directeur a eu la gentillesse de me l'expliquer.

⑦ わたしは 友達に 説明して もらいました。
　　Je me le suis fait expliquer par un ami à moi.

### 4. Verbe causatif て -forme いただけませんか
Pourriez-vous me laisser faire...?/ Puis-je vous demander...?

«V て -forme いただけませんか» a été présenté dans la leçon 26. Cette tournure est utilisée quand quelqu'un demande à son interlocuteur de faire quelque chose. Mais quand le locuteur demande à son interlocuteur de permettre sa propre action, «verbe causatif て -forme いただけませんか» est à utiliser.

⑧ いい 先生を 紹介して いただけませんか。
　　Auriez-vous la gentillesse de me présenter un bon professeur? (L.26)

⑨ 友達の 結婚式が あるので、早く 帰らせて いただけませんか。
　　Je vais aller au mariage de mes amis, pourriez-vous me laisser partir plus tôt?

Dans l'exemple ⑧, celui qui «présente» est l'interlocuteur, mais dans l'exemple ⑨, celui qui «part» est le locuteur.

# Leçon 49

## I. Vocabulaire

| | | |
|---|---|---|
| りようします Ⅲ | 利用します | utiliser |
| つとめます Ⅱ<br>［かいしゃに～］ | 勤めます<br>［会社に～］ | travailler, être employé [dans une société] |
| かけます Ⅱ<br>［いすに～］ | 掛けます | s'asseoir [sur une chaise] |
| すごします Ⅰ | 過ごします | passer (le temps) |
| いらっしゃいます Ⅰ | | être, aller, venir (terme de respect équivalent à います, いきます et きます) |
| めしあがります Ⅰ | 召し上がります | manger, boire (terme de respect équivalent à たべます et のみます) |
| おっしゃいます Ⅰ | | dire, s'appeler (son nom) (terme de respect équivalent à いいます) |
| なさいます Ⅰ | | faire (terme de respect équivalent à します) |
| ごらんに なります Ⅰ | ご覧に なります | voir, regarder (terme de respect équivalent à みます) |
| ごぞんじです | ご存じです | connaître, savoir (terme de respect équivalent à しって います) |
| あいさつ | | salut, présentation, mots de bienvenue （～を します：saluer, se présenter, dire les mots de bienvenue） |
| りょかん | 旅館 | auberge ou hôtel de style japonais |
| バスてい | バス停 | arrêt de bus |
| おくさま | 奥様 | femme (de quelqu'un d'autre) (terme de respect équivalent à おくさん) |
| ～さま | ～様 | (terme de respect de ～さん) |
| たまに | | de temps en temps, rarement |
| どなたでも | | tout le monde, n'importe qui (terme de respect équivalent à だれでも) |
| ～と いいます | | s'appeler ～ (son nom) |

〈会話〉
一年一組　　　　　　　　　　　　classe − de −ème année
出しますI [熱を～]　　　　　　　avoir [de la fièvre]
よろしく お伝え ください。　　　Pourriez-vous dire cela (à qqn.)?/
　　　　　　　　　　　　　　　　Transmettez mes salutations (à qqn.).
失礼いたします。　　　　　　　　Au revoir. (terme de modestie équivalent
　　　　　　　　　　　　　　　　à しつれいします)

※ひまわり小学校　　　　　　　　école primaire fictive

〈読み物〉
経歴　　　　　　　　　　　　　　biographie, curriculum vitæ
医学部　　　　　　　　　　　　　faculté de médecine
目指しますI　　　　　　　　　　viser à
進みますI　　　　　　　　　　　poursuivre ses études dans une école
　　　　　　　　　　　　　　　　doctorale (master et doctorat)
iPS細胞　　　　　　　　　　　　cellule souche pluripotentes induites
　　　　　　　　　　　　　　　　（IPS）
開発しますIII　　　　　　　　　 exploiter, développer
マウス　　　　　　　　　　　　　souris
ヒト　　　　　　　　　　　　　　humain
受賞しますIII　　　　　　　　　 recevoir un prix
講演会　　　　　　　　　　　　　conférence

※山中伸弥　　　　　　　　　　　chercheur japonais en médecine (1962-)
※ノーベル賞　　　　　　　　　　prix Nobel

## II. Traduction

**Structures-clés**
1. Le chef de service est déjà rentré.
2. Le président est déjà rentré.
3. Le directeur va partir en voyage d'affaires aux États-Unis.
4. Veuillez attendre un moment.

**Phrases-type**
1. Avez-vous déjà lu ce livre?
   ……Oui, je l'ai déjà lu.
2. Où est le directeur?
   ……Il vient de sortir à l'instant même.
3. Allez-vous souvent au cinéma?
   ……Eh bien, j'y vais une fois de temps en temps avec ma femme.
4. Savez-vous que le fils de M. Ogawa a été admis au concours d'entrée de l'Université Sakura?
   ……Non, je ne le savais pas.
5. Puis-je demander votre nom?
   ……Je m'appelle Watt.
6. Quelle profession exercez-vous?
   ……Je suis employé d'une banque. Je travaille à la Banque Apple.
7. Est-ce que le directeur Matsumoto est là?
   ……Oui, il est dans ce bureau. Entrez, je vous en prie.

**Conversation**

### Pourriez-vous dire cela...?

Instituteur: Bonjour, l'école primaire Himawari.
Klara: Bonjour.
C'est la mère de Hans Schmidt, élève de la classe 2 de cinquième. Puis-je parler à Mme Ito?
Instituteur: Elle n'est pas encore arrivée.
Klara: Alors, pourriez-vous lui transmettre un message?
Instituteur: Oui, bien sûr. Qu'est-ce que c'est?
Klara: En fait, Hans a eu de la fièvre hier soir et sa température n'a toujours pas baissé ce matin.
Instituteur: C'est inquiétant.
Klara: Alors, je vais le garder aujourd'hui. Pourriez-vous dire cela à Mme Ito?
Instituteur: D'accord. Prenez soin de lui.
Klara: Merci beaucoup. Au revoir.

# III. Vocabulaire de référence & informations

## 季節の行事　Évènements de chaque saison

**お正月**　Le Nouvel An

C'est la fête du Nouvel An. Les gens vont aux sanctuaires shinto ou aux temples bouddhistes prier pour souhaiter la santé et le bonheur.

1月1日～3日

**豆まき**　Fête du lancer de haricots

La veille de Setsubun (le dernier jour de l'hiver selon le calendrier traditionnel japonais), on lance des graines de soja toastées en criant «Dehors les démons! Dedans le bonheur!».

2月3日ごろ

**ひな祭り**
Fête des poupées

3月3日

Les familles ayant des filles exposent des poupées.

5月5日

**こどもの日**　Jour des enfants

Jour pour fêter la croissance et la santé des enfants. Originairement c'était un jour pour fêter la croissance des garçons.

7月7日

**七夕**　Fête des étoiles

Basée sur une légende chinoise selon laquelle le Bouvier (Altaïr) et la Tisserande (Véga) se rencontrent une fois par an en traversant la voie lactée des extrêmes Est et Ouest.

8月13日～15日

**お盆**
Fête d'*o-Bon*

*O-bon* est une fête bouddhiste traditionnelle pour accueillir et apaiser les âmes des ancêtres. Les gens visitent les tombes familiales.

9月15日ごろ

**お月見**
Fête pour contempler la lune

Les gens se divertissent en contemplant la pleine lune.

12月31日

**大みそか**　Dernier jour de l'année Saint-Sylvestre

Les gens se préparent pour le Nouvel An en nettoyant la maison et en préparant des *osechi ryori* (plats spéciaux pour le Nouvel An). Les cloches des temples commencent à sonner lorsque minuit approche.

## IV. Explications grammaticales

### 1. 敬語 (Expressions honorifiques)

けいご (expressions honorifiques) permettent au locuteur de montrer du respect envers la personne à qui il parle ou de qui il parle. Le locuteur juge s'il doit utiliser ces expressions ou non selon trois critères: son interlocuteur, la personne dont il parle et la situation où il se trouve. En principe, elles sont utilisées dans les situations suivantes: (1) quand on parle avec quelqu'un de supérieur (du point de vue du statut social, de l'âge), ou quelqu'un d'inconnu ou peu intime, (2) quand on parle de quelqu'un de supérieur, (3) quand on parle dans une situation formelle, etc. そんけいご (expressions de respect) seront abordées dans la leçon 49 et けんじょうご (expressions de modestie) seront présentées dans la leçon 50.

### 2. 尊敬語 (Expressions de respect)

Les expressions de respect montrent du respect envers l'agent de l'action ou de l'état.

1) Verbe

Il s'agit d'exprimer du respect envers quelqu'un qui effectue l'action dénotée par le verbe.

(1) Verbes de respect (Voir Livre principal L.49 Exercice A1)

Ces verbes prennent la même forme que les verbes passifs, et ils se conjuguent comme les verbes du groupe II.

Ex. かかれます　かかれる　かかれ(ない)　かかれて

① 中村さんは 7時に 来られます。　　Mme Nakamura viendra à sept heures.
② お酒を やめられたんですか。　　Avez-vous renoncé à l'alcool?

(2) お V ます -forme に なります

Cette forme est généralement considérée comme plus respectueuse et polie que les verbes de respect de (1). Les verbes dont la ます -forme est composée d'une seule syllabe (ex. みます, ねます) ainsi que les verbes du groupe III ne peuvent former cette tournure. Par ailleurs, si le verbe possède un terme spécifique de respect équivalent (cf. (3) ci-dessous), c'est ce terme qui est utilisé, et non la forme que l'on vient de voir.

③ 社長は もう お帰りに なりました。　Le président est déjà rentré.

(3) Termes spécifiques de respect (Voir Livre principal L.49 Exercice A4)

Un certain nombre de verbes disposent de leur propre terme spécifique de respect. Ces termes montrent le même degré de respect que (2).

④ ワット先生は 研究室に いらっしゃいます。
　　Le professeur Watt est dans son bureau.

⑤ どうぞ 召し上がって ください。　　Servez-vous, je vous en prie.

[Note 1] いらっしゃいます (forme dictionnaire: いらっしゃる), なさいます (forme dictionnaire: なさる), くださいます (forme dictionnaire: くださる), おっしゃいます (forme dictionnaire: おっしゃる) sont des verbes du groupe I, mais il faut faire attention à leur conjugaison.

Ex. いらっしゃいます (×いらっしゃります)　いらっしゃる
　　いらっしゃらない　いらっしゃった　いらっしゃらなかった

(4) お／ご～ ください

Cette structure de phrase est la forme de respect équivalente à V て -forme ください (cf. L.14). Les verbes du groupe I et du groupe II prennent la forme お V ます -forme ください et les verbes du groupe III (N します) prennent la forme ご N ください.

⑥ どうぞ お入り ください。　　　Entrez, je vous en prie.
⑦ 忘れ物に ご注意 ください。
　　Veuillez faire attention à ne pas oublier vos affaires.

Les verbes dont la ます-forme est composée d'une seule syllabe tels que みます ou ねます ne sont pas utilisés pour cette forme. Pour les verbes ayant leur terme spécifique de respect équivalent, abordés dans (3) ci-dessus, ce «terme spécifique de respect て-forme ください» est utilisé.

⑧ また いらっしゃって ください。　　Revenez une prochaine fois!

2) Nom, adjectif, adverbe

お ou ご est préfixé à un nom, un adjectif et un adverbe lorsque le locuteur exprime du respect envers le propriétaire de l'objet préfixé ou la personne qui est dans la situation décrite par l'adjectif ou l'adverbe. On choisit お ou ご en fonction du mot auquel il est préfixé. En règle générale, お est préfixé à des mots japonais autochtones et ご à des mots d'origine chinoise.

Exemples des mots avec le préfixe お　　　Exemples des mots avec le préfixe ご

| | | | |
|---|---|---|---|
| N | お国, お名前, お仕事 お約束, お電話 | N | ご家族, ご意見, ご旅行 |
| な-adj | お元気, お上手, お暇 | な-adj | ご熱心, ご親切 |
| い-adj | お忙しい, お若い | adverbe | ご自由に |

[Note 2] Quand on s'exprime avec けいご, ce n'est pas seulement les verbes qui sont concernés par les expressions honorifiques, les autres mots de la même phrase sont généralement exprimés avec des expressions honorifiques.

⑨ 部長の 奥様も ごいっしょに ゴルフに 行かれます。
　　L'épouse du directeur ira aussi faire du golf avec lui.

## 3. Expressions honorifiques et style de phrase

Lorsque le locuteur exprime du respect envers quelqu'un dont il parle, mais qu'il n'a pas besoin d'exprimer du respect envers son interlocuteur, il est possible d'utiliser le けいご dans une phrase de forme neutre comme dans l'exemple ⑩.

⑩ 部長は 何時に いらっしゃる?　　À quelle heure le directeur va venir?

## 4. ～まして

Il est possible de parler avec la forme «V ます-forme まして» au lieu de «V て-forme» pour montrer plus de politesse.

⑪ ハンスが ゆうべ 熱を 出しまして、けさも まだ 下がらないんです。
　　Hans a eu de la fièvre hier soir et sa température n'a toujours pas baissé ce matin.

## 5. ～ますので

La forme neutre ので peut être exprimée plus poliment en utilisant la forme polie ので.

⑫ きょうは 学校を 休ませますので、先生に よろしく お伝え ください。
　　Je vais le garder aujourd'hui. Pourriez-vous dire cela à la maîtresse?

# Leçon 50

## I. Vocabulaire

| | | |
|---|---|---|
| まいりますI | 参ります | aller, venir (terme de modestie équivalent à いきます et きます) |
| おりますI | | être (terme de modestie équivalent à います) |
| いただきますI | | manger, boire, recevoir (terme de modestie équivalent à たべます, のみます et もらいます) |
| もうしますI | 申します | dire, s'appeler (nom) (terme de modestie équivalent à いいます) |
| いたしますI | | faire (terme de modestie équivalent à します) |
| はいけんしますIII | 拝見します | voir, regarder (terme de modestie équivalent à みます) |
| ぞんじますII | 存じます | apprendre, faire connaissance (terme de modestie équivalent à しります) |
| うかがいますI | 伺います | demander, entendre, rendre visite (terme de modestie équivalent à ききます et いきます) |
| おめに かかりますI | お目に かかります | voir, rencontrer (terme de modestie équivalent à あいます) |
| いれますII [コーヒーを〜] | | faire [du café] |
| よういしますIII | 用意します | préparer |
| わたくし | 私 | moi, je (terme de modestie équivalent à わたし) |
| ガイド | | guide |
| メールアドレス | | adresse e-mail |
| スケジュール | | programme |
| さらいしゅう* | さ来週 | dans deux semaines |
| さらいげつ | さ来月 | dans deux mois |
| さらいねん* | さ来年 | dans deux ans |
| はじめに | 初めに | d'abord |
| ※江戸東京博物館 | | musée d'Edo-Tokyo |

〈会話〉
緊張します Ⅲ　　　　　　　　　　　être tendu, être nerveux
賞金　　　　　　　　　　　　　　　prix (en espèces), prime
きりん　　　　　　　　　　　　　　girafe
ころ　　　　　　　　　　　　　　　temps, époque, moment
かないます Ⅰ ［夢が～］　　　　　　[un rêve] se réaliser
応援します Ⅲ　　　　　　　　　　　soutenir
心から　　　　　　　　　　　　　　de tout cœur
感謝します Ⅲ　　　　　　　　　　　remercier

〈読み物〉
お礼　　　　　　　　　　　　　　　remerciement
お元気で いらっしゃいますか。　　　Comment allez-vous? (expression de respect équivalent à おげんきですか)

迷惑を かけます Ⅱ　　　　　　　　causer des ennuis, déranger, incommoder
生かします Ⅰ　　　　　　　　　　　tirer parti de qqch. (ex. son expérience)

※ミュンヘン　　　　　　　　　　　Munich (en Allemagne)

## II. Traduction

### Structures-clés
1. Je vous enverrai le programme de ce mois-ci.
2. Je viendrai demain à trois heures.
3. Je viens des États-Unis.

### Phrases-type
1. Ça a l'air lourd. Voulez-vous que je vous le porte?
   ……Merci. Oui, s'il vous plaît.
2. Excusez-moi, qu'allons-nous visiter après avoir vu cet endroit?
   ……Je vous conduirai au musée d'Edo-Tokyo.
3. M. Gupta va arriver à 14 heures, n'est-ce pas? Est-ce que quelqu'un ira le chercher?
   ……Oui, j'y vais.
4. Pourriez-vous me montrer votre ticket?
   ……Voilà.
   Je vous remercie.
5. Voici M. Miller.
   ……Enchanté, je m'appelle Miller.
   Je suis ravi de vous connaître.
6. Où se trouve votre famille?
   ……Ils sont à New York.

### Conversation
#### Je vous remercie de tout cœur.

Animateur: Toutes mes félicitations pour le premier prix.
C'était un excellent discours.
Miller: Merci beaucoup.
Animateur: Étiez-vous tendu?
Miller: Oui, j'étais très tendu.
Animateur: Est-ce que c'était dur de vous entraîner?
Miller: Oui. Comme j'étais très occupé, c'était difficile de trouver le temps pour m'entraîner.
Animateur: Comment comptez-vous utiliser le prix?
Miller: Eh bien, j'aime les animaux et je rêve depuis mon enfance d'aller en Afrique.
Animateur: Alors, irez-vous en Afrique?
Miller: Oui. Je voudrais voir des girafes, des éléphants et d'autres animaux dans la nature en Afrique.
Animateur: Votre rêve d'enfance va se réaliser, n'est-ce pas?
Miller: Oui, je suis content.
Je remercie de tout cœur tous ceux qui m'ont soutenu.
Merci beaucoup.

# III. Vocabulaire de référence & informations

## 封筒・はがきのあて名の書き方　　Comment écrire les adresses

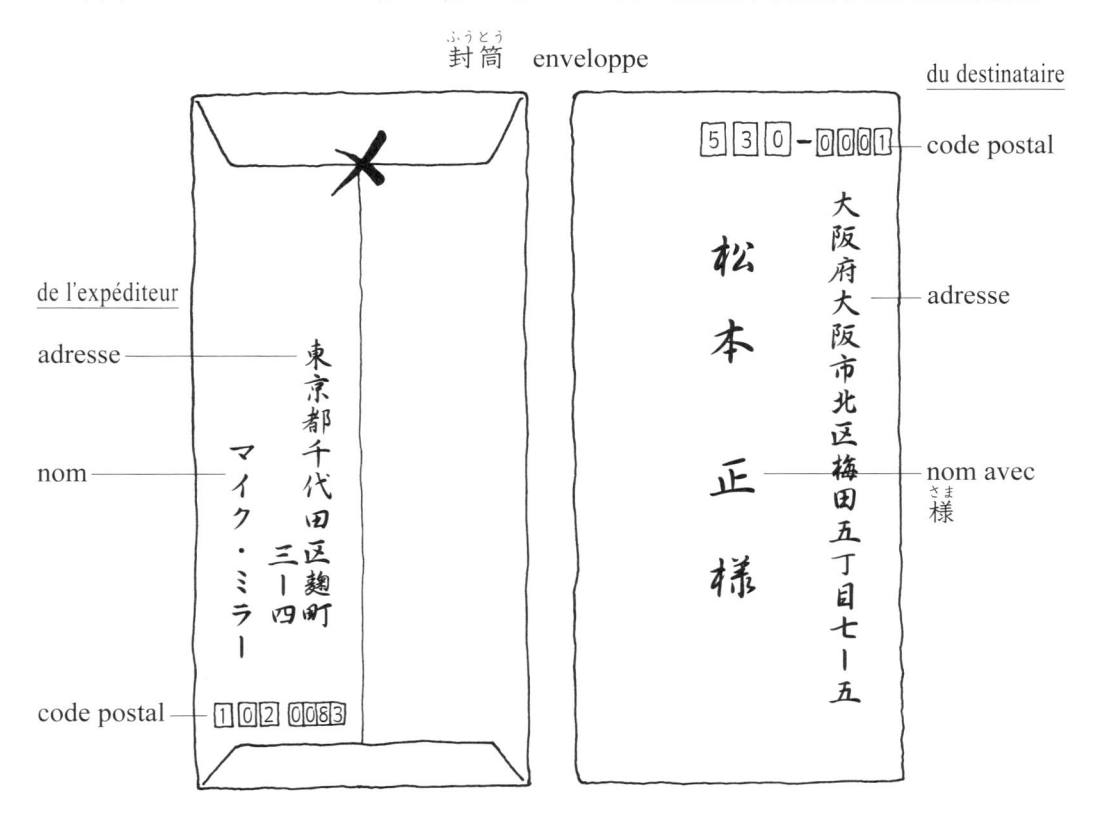

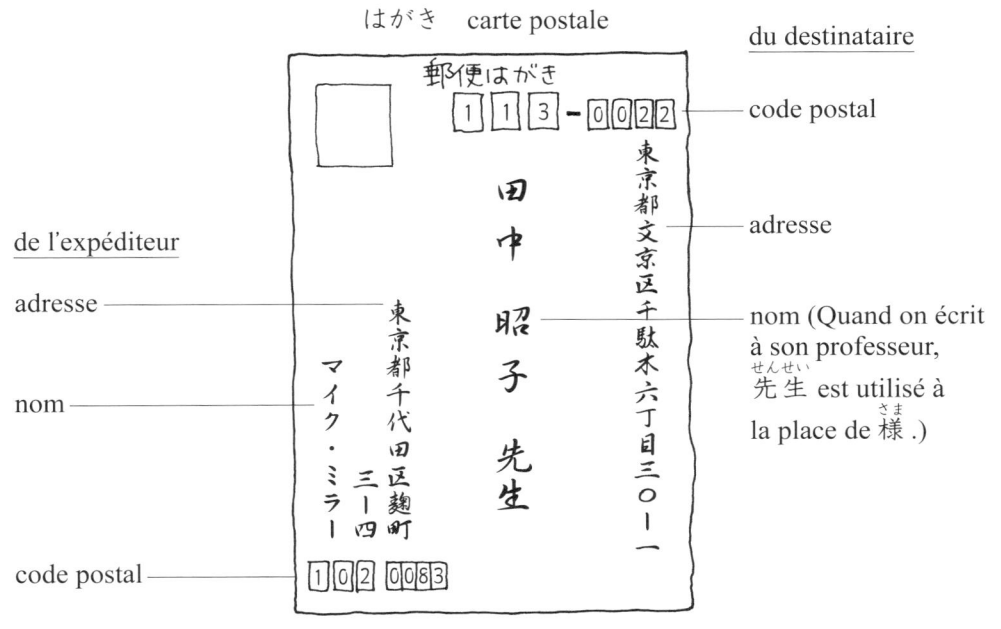

### 封筒　enveloppe

**du destinataire**
- code postal : 530-0001
- adresse : 大阪府大阪市北区梅田五丁目七-五
- nom avec 様 : 松本　正　様

**de l'expéditeur**
- adresse : 東京都千代田区麹町三-一-四
- nom : マイク・ミラー
- code postal : 102-0083

### はがき　carte postale

郵便はがき

**du destinataire**
- code postal : 113-0022
- adresse : 東京都文京区千駄木六丁目三〇-一
- nom : 田中　昭子　先生 (Quand on écrit à son professeur, 先生 est utilisé à la place de 様.)

**de l'expéditeur**
- adresse : 東京都千代田区麹町三-一-四
- nom : マイク・ミラー
- code postal : 102-0083

155

## IV. Explications grammaticales

### 1. 謙譲語 I （Expressions de modestie I - verbes）

Les expressions de modestie I sont des expressions dans lesquelles le locuteur rabaisse sa propre action ou l'action de quelqu'un appartenant à son côté, afin de montrer du respect à quelqu'un dont cette action est destinée ou quelqu'un appartenant au côté du destinataire.

1) お／ご～します

   (1) お V （groupes I ou II） ます -forme します
   ① 重そうですね。お持ちしましょうか。
      Ça a l'air lourd. Voulez-vous que je vous le porte?
   ② 私が 社長に スケジュールを お知らせします。
      J'informerai le président de son programme.
   ③ 兄が 車で お送りします。
      Mon (grand) frère vous reconduira en voiture.

   Dans l'exemple ①, le locuteur exprime du respect à la personne pour laquelle il porte le bagage (qui est le propriétaire du bagage et l'interlocuteur dans ce cas); dans l'exemple ②, à l'égard du président dont l'acte d'«informer» est destiné; dans l'exemple ③, à l'égard de quelqu'un qui bénéficie de l'acte de reconduire en voiture (qui est l'interlocuteur dans ce cas). Notez que cette forme ne s'applique pas aux verbes dont la ます -forme est composée d'une seule syllabe tels que みます et います.

   (2) ご V （groupe III）
   ④ 江戸東京博物館へ ご案内します。
      Je vous conduirai au musée d'Edo-Tokyo.
   ⑤ きょうの 予定を ご説明します。
      Je vais vous expliquer le programme d'aujourd'hui.

   Cette forme s'applique aux verbes du groupe III qui inclut des verbes comme しょうかいします, しょうたいします, そうだんします, れんらくします, en plus des verbes présentés dans les exemples ci-dessus. Néanmoins, exceptionnellement, certains verbes tels que でんわします, やくそくします prennent le préfixe お et non ご.

2) Termes spécifiques de modestie (Voir Livre principal L.50 Exercice A3)
   Un certain nombre de verbes disposent d'un terme spécifique de modestie équivalent.
   ⑥ 社長の 奥様に お目に かかりました。
      J'ai rencontré l'épouse du président.
   ⑦ あしたは だれが 手伝いに 来て くれますか。
      ……私が 伺います。
      Qui viendra m'aider demain?
      …… Je viendrai.

## 2. 謙譲語Ⅱ （Expressions de modestie II - verbes）

Ces expressions portent sur l'action du locuteur ou de quelqu'un appartenant à son côté et permettent au locuteur de se montrer poli à l'égard de son interlocuteur.

⑧ 私は ミラーと 申します。　　Je m'appelle Miller.

⑨ アメリカから 参りました。　　Je viens des États-Unis.

Dans l'exemple ⑧, le locuteur utilise もうします à la place de いいます et dans l'exemple ⑨, il utilise まいりました à la place de きました, ce qui lui permet de décrire son propre acte à son interlocuteur poliment. Les autres expressions spécifiques de modestie sont いたします et ［～て］おります, par exemple.

監修　Supervision
鶴尾能子（Tsuruo Yoshiko）　石沢弘子（Ishizawa Hiroko）

執筆協力　Collaboration rédactionnelle
田中よね（Tanaka Yone）　澤田幸子（Sawada Sachiko）　重川明美（Shigekawa Akemi）
牧野昭子（Makino Akiko）　御子神慶子（Mikogami Keiko）

フランス語翻訳　Traduction en français
東伴子（Higashi Tomoko）　ソニア・悠希セルミ（Sonia Yuki Selmi）

本文イラスト　Illustration
向井直子（Mukai Naoko）　山本和香（Yamamoto Waka）　佐藤夏枝（Sato Natsue）

装丁・本文デザイン　Mise en page, couverture
山田武（Yamada Takeshi）

---

みんなの日本語　初級Ⅱ　第2版
翻訳・文法解説　フランス語版

1999年10月 7 日　初版第 1 刷発行
2015年 4 月10日　第 2 版第 1 刷発行
2024年10月 4 日　第 2 版第 9 刷発行

編著者　スリーエーネットワーク
発行者　藤嵜政子
発　行　株式会社スリーエーネットワーク
　　　　〒102-0083　東京都千代田区麹町3丁目4番
　　　　　　　　　　トラスティ麹町ビル2F
　　　　電話　営業　03(5275)2722
　　　　　　　編集　03(5275)2725
　　　　https://www.3anet.co.jp/
印　刷　倉敷印刷株式会社

ISBN978-4-88319-705-7 C0081
落丁・乱丁本はお取替えいたします。
本書の全部または一部を無断で複写複製（コピー）することは著作権法上での例外を除き、禁じられています。
「みんなの日本語」は株式会社スリーエーネットワークの登録商標です。

## みんなの日本語シリーズ

### みんなの日本語 初級Ⅰ 第2版

- 本冊（CD付）………………… 2,750円（税込）
- 本冊 ローマ字版（CD付）…… 2,750円（税込）
- 翻訳・文法解説 …………… 各2,200円（税込）
  英語版／ローマ字版【英語】／中国語版／韓国語版／
  ドイツ語版／スペイン語版／ポルトガル語版／
  ベトナム語版／イタリア語版／フランス語版／
  ロシア語版（新版）／タイ語版／インドネシア語版／
  ビルマ語版／シンハラ語版／ネパール語版
- 教え方の手引き …………… 3,080円（税込）
- 初級で読めるトピック25 …… 1,540円（税込）
- 聴解タスク25 ………………… 2,200円（税込）
- 標準問題集 …………………… 990円（税込）
- 漢字 英語版 ………………… 1,980円（税込）
- 漢字 ベトナム語版 ………… 1,980円（税込）
- 漢字練習帳 …………………… 990円（税込）
- 書いて覚える文型練習帳 …… 1,430円（税込）
- 導入・練習イラスト集 ……… 2,420円（税込）
- CD 5枚セット ……………… 8,800円（税込）
- 会話DVD …………………… 8,800円（税込）
- 会話DVD PAL方式 …… 8,800円（税込）
- 絵教材CD-ROMブック …… 3,300円（税込）

### みんなの日本語 初級Ⅱ 第2版

- 本冊（CD付）………………… 2,750円（税込）
- 翻訳・文法解説 …………… 各2,200円（税込）
  英語版／中国語版／韓国語版／ドイツ語版／
  スペイン語版／ポルトガル語版／ベトナム語版／
  イタリア語版／フランス語版／ロシア語版（新版）／
  タイ語版／インドネシア語版／ビルマ語版／
  ネパール語版
- 教え方の手引き …………… 3,080円（税込）
- 初級で読めるトピック25 …… 1,540円（税込）
- 聴解タスク25 ………………… 2,640円（税込）
- 標準問題集 …………………… 990円（税込）
- 漢字 英語版 ………………… 1,980円（税込）
- 漢字 ベトナム語版 ………… 1,980円（税込）
- 漢字練習帳 ………………… 1,320円（税込）
- 書いて覚える文型練習帳 …… 1,430円（税込）
- 導入・練習イラスト集 ……… 2,640円（税込）
- CD 5枚セット ……………… 8,800円（税込）
- 会話DVD …………………… 8,800円（税込）
- 会話DVD PAL方式 …… 8,800円（税込）
- 絵教材CD-ROMブック …… 3,300円（税込）

### みんなの日本語 初級 第2版

- やさしい作文 ……………… 1,320円（税込）

### みんなの日本語 中級Ⅰ

- 本冊（CD付）………………… 3,080円（税込）
- 翻訳・文法解説 …………… 各1,760円（税込）
  英語版／中国語版／韓国語版／ドイツ語版／
  スペイン語版／ポルトガル語版／フランス語版／
  ベトナム語版
- 教え方の手引き …………… 2,750円（税込）
- 標準問題集 …………………… 990円（税込）
- くり返して覚える単語帳 …… 990円（税込）

### みんなの日本語 中級Ⅱ

- 本冊（CD付）………………… 3,080円（税込）
- 翻訳・文法解説 …………… 各1,980円（税込）
  英語版／中国語版／韓国語版／ドイツ語版／
  スペイン語版／ポルトガル語版／フランス語版／
  ベトナム語版
- 教え方の手引き …………… 2,750円（税込）
- 標準問題集 …………………… 990円（税込）
- くり返して覚える単語帳 …… 990円（税込）

- 小説 ミラーさん
  ―みんなの日本語初級シリーズ―
- 小説 ミラーさんⅡ
  ―みんなの日本語初級シリーズ―
  ……………………… 各1,100円（税込）

スリーエーネットワーク

ウェブサイトで新刊や日本語セミナーをご案内しております。
https://www.3anet.co.jp/